ひろばブックス

園と保護者がつながり
子どももハッピーに！

保育参加のススメ

若盛清美・著
認定こども園こどものもり副園長　埼玉県保育士会会長

メイト

保育参加って こんなに楽しい!!

～日常編～

ふだんの子どもたちの園での様子を見ることで、
こんなにいいことがあります。

こんなに大きく
なったんだなぁ

ブロックを親子で協力して、子どもの背より高く積みます。（プロジェクト型の保育参加）

来てくれて
うれしいな♪

▲お母さんがお祝いに来てくれました。保護者にとって、生まれたときの思い出などを子どもに伝える機会にもなります。（お誕生日の保育参加）

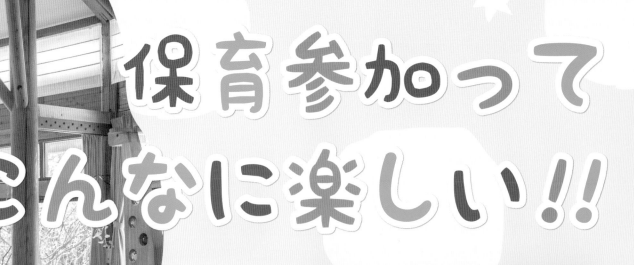

▲いつもは子どもだけのランチルームに、今日は保護者もたくさん。（プロジェクト型の保育参加）

保護者も一緒に寝かしつけをすることで、保育者・保護者ともに新しい気づきがあることも。（一日保育者体験）

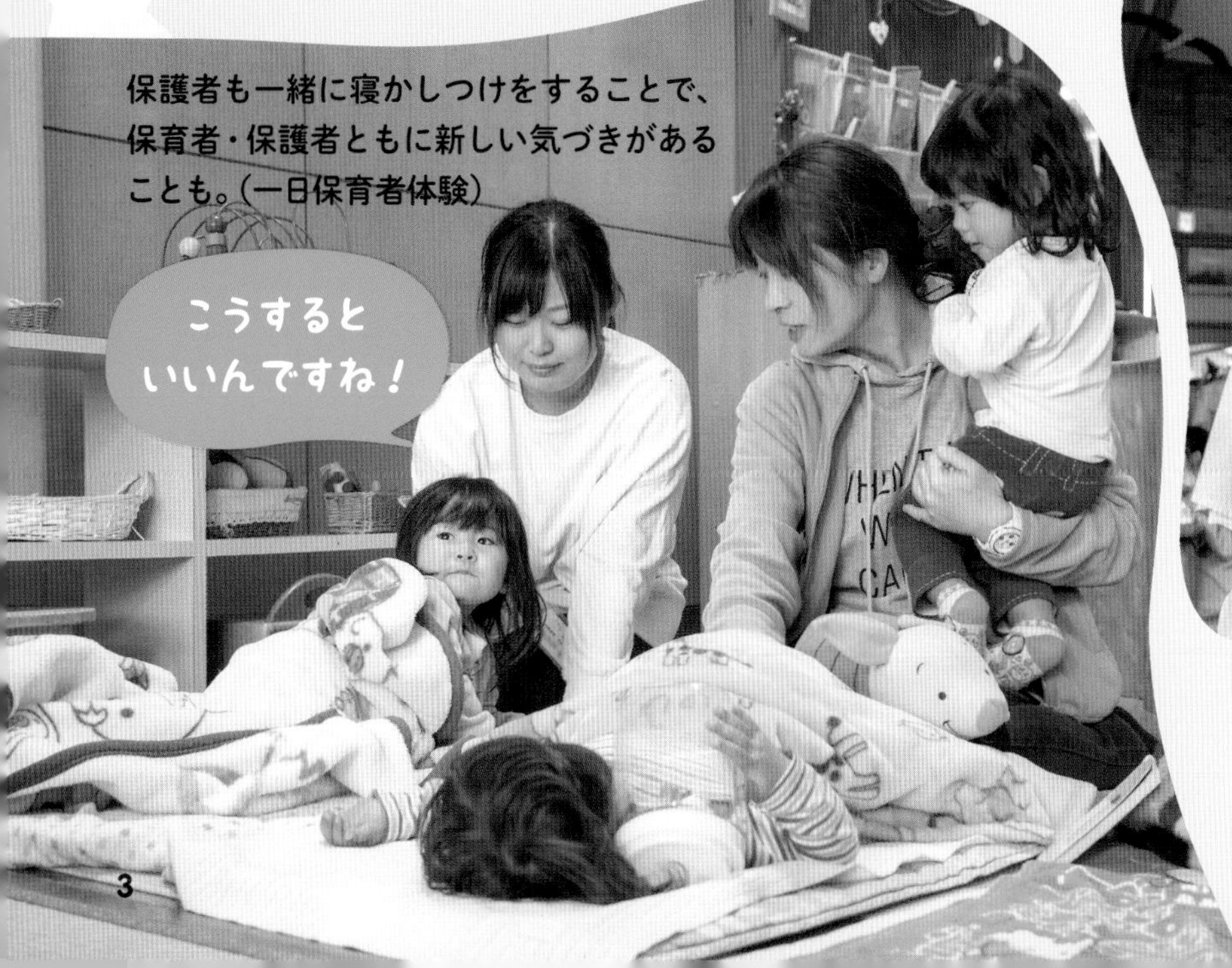
こうすると
いいんですね！

おかたづけの
時間だよ

▲ランチのあと、きちんとおかたづけしている姿に成長を感じる保護者も。（一日保育者体験）

～製作編～

一緒に作品を作ることでいつもと違うコミュニケーションができ、子どもの成長を感じることができます。

▲お絵描き上手にできたかな？いろいろなことができるようになりました。（一日保育者体験）

▲お父さんと一緒に木片で好きなものを作ります。あれ？　お父さんのほうが集中してる？（ふだん遊びの保育参加）

◀製作の際に出た紙の切りくずを貼って、カラフルな天の川を作ります。家ではむずかしい大きいものが作れるのも魅力です。（製作中心の保育参加）

お店やさんごっこを保護者も一緒に楽しむことで、いろいろな子どもの姿を見ることができます。みんなが作ったケーキ、おいしそう！（プロジェクト型の保育参加）

◀親子同士・保護者同士でコミュニケーションをとることのできる、よい機会でもあります。（お誕生日の保育参加）

▲子どもたちが作った看板を持って、お店やさんへの呼び込みです。（プロジェクト型の保育参加）

～運動遊び・外遊び編～

戸外で元気に体を動かす様子や友達と関わる姿から、
子どもの成長を見ることができます。

▲保護者が子どもを抱えて玉入れです。入るかな？（運動中心の保育参加）

▲異年齢の友達と楽しそうに遊ぶ姿にほっこりします。（一日保育者体験）

◀ふだんはお仕事をしているお父さんに一日中遊んでもらい、子どもたちは大満足。お父さんもうれしそうです。（ふだん遊びの保育参加）

見て、見て～！

▲できるようになったところを、保護者に早く見てほしかった子どもたち。こういうシーンも保育参加ならでは。（プロジェクト型の保育参加）

▶チャレンジしている姿からも、成長を感じます。（一日保育者体験）

うんてい
できるかな？

きゃー♪

▲子どもたちは一日中、本当にパワフル。元気に遊びまわる子どもと一緒に過ごす時間は大切な思い出になります。（プロジェクト型の保育参加）

5周
走ったよ！

▲保護者と一緒に何周走ったかをシールを貼って記録します。たくさん走ったね！（一日保育者体験）

保育参加、こんなお悩みありませんか？

保育参加を実施する前やしたときの保育者・保護者のお悩みの声を集めました。この本では、そんなお悩みに答えていきます！

製作中心の保育参加をすることになりました。どんな**準備**をしたらいいでしょうか？

➜ 当日までの準備の流れは P.18 へ

保育参加をするのはなぜでしょう？「子どもと遊んで楽しかった」だけにならないか心配です。

➜ 保育参加をおこなう意義は P.14 へ

保育参加をしたのに、うまく**その後の保育や保護者対応に生かせた気がしません……。**

➜ 保育参加を生かすための流れは P.76 へ

子どもが保護者から離れなくなってしまいます。ふだんの様子を見てもらいたいのですが……。

➜ 保護者に甘えてしまうときの対応は P.74 へ

保育者

保護者

突然、「保育参加、始めます。
参加してください」と言われても
何をするか不安です。

➜ おたより作成のポイントは P.20 へ

毎年参加する必要があるの？
一度参加すれば、もう
十分だと思います。

➜ 毎年参加する必要がないという
保護者への対応は P.83 へ

保育参加でたくさんの子たちを見て、
自分の子は発達が
遅いかもしれないと落ち込みました……。

➜ 発達が気になる子の保護者への対応は P.82 へ

一日保育者体験に参加して、
「保育者って大変だな」
とはわかったのですが……。

➜ 一日保育者体験の実践例は P.26 へ

まわりの子に
どう接すればいいか
わかりません。
自分の子だけで精一杯です。

➜ 保育参加を有意義なものにする
ポイントは P.22 へ

CONTENTS

まえがき

「保護者対応」「家庭支援」は、園の大きな課題の一つ。2018年に改訂された三法令やその解説文には「保育参加」が保護者との関係づくりや家庭支援の手段として明記され、すすめられています。

私が副園長を務める、認定こども園こどものもりでは20年ほど前からこの「保育参加」に取り組んできました。最初は「園と保護者の関係を強めたい」「子育てに悩む保護者に、子育てのヒントや楽しさを伝えたい」という想いでおこなっていましたが、続けているうちに子どもたちにも園にも、保護者の方々にも、たくさんのメリットがあることがわかりました。今では、様々な行事を「保育参加型」にして取り組んでいます。

この本では、そんな私たちが長年蓄積してきた保育参加のアイデアや工夫、ポイントをまとめました。一貫して、子どもたちの姿を見ることを中心とする“保育参観”ではなく、保護者が子どもたちと一緒に遊んだり、保育者のように保育活動をしたりする“保育参加”であることにこだわって実施しています。

「保育参加って何をすればいいの？」「何のためにするのかよくわからない」「保育参加を活用するにはどうすればいいのだろう？」と悩んでいる保育者の方々のヒントになればうれしいです。

幼保連携型認定こども園こどものもり
副園長　若盛清美

1章

保育参加を始めましょう

保育参加を始める前に、
園全体で共有しておきたいポイントや
準備のすすめ方などを紹介します。

どうして今、保育参加なの？

保護者に保育活動に参加してもらう『保育参加』は、
園と保護者が“一緒に”子育てをしていく意識をもつことができる取り組みとして、
三法令でもすすめられています。保育参加をおこなう意義を紹介します。

園と家庭の連携が強くなる

保護者と保育者の会話は、送り迎えのときだけになりがちです。保育参加の機会を設け、園で一日過ごしてもらうと、その後のコミュニケーションもとりやすくなり、連携強化につながります。また、ふだんの園生活に参加してもらうことで、保護者の園に対する信頼感が高まり、園の方針をより理解してもらいやすくなるでしょう。

子育てのヒントを持ち帰ってもらえる

保育者の子どもへの対応は、子育てのヒントになります。保護者は保育者のほめ方や叱り方、子どもの気持ちへの寄り添い方などを、自分の子育てに生かすことができます。保護者の子育ての悩みを解消する糸口となるかもしれません。

子どもの成長を実感してもらえる

保育参加を毎年体験してもらうことで、保護者に子どもの1年ごとの成長を実感してもらえます。家庭とは違うしっかりした様子に安心したり、子ども同士の関わりに成長を感じたりすることもあるようです。また、ほかの子どもともふれあうことで、これからの成長の見通しをもつこともできます。

子どもへの愛情を再確認してもらえる

保護者が子どもと一緒に遊び、ふれあう時間をつくることで、改めて子どもへの愛情を確認することもできます。また、客観的に子どもを見守ることができるようになるため、子どもの感じ方や行動の理由を理解しやすくなる面もあります。

親子の関わり方を見ることができる

ふだん、家庭で保護者と子どもがどのように関わっているかを、保育者が知るよい機会になります。保護者の子どもへの声のかけ方などから、保育者が子どもに接するときのヒントを得たり、家庭での様子を読み取ったりすることは、家庭支援の足がかりとなることが期待できます。

保護者同士をつなげられる

保育参加が保護者同士の交流のきっかけとなることがあります。同じ年頃の子どもをもち、子育ての悩みや苦労を話し合える仲間ができることは、保護者の心の支えにもなります。

保育参加に取り組む前に

保育参加のねらいや時期、園での意識共有、保護者への連絡など、
実施前に考えておきたいポイントや、取り組んでおくべきことを説明します。

保育参加のねらいを考える

まずは、「なぜ実施するのか」「どんなねらいをもっておこなうのか」を考えることが大切です。一年のうちでも、時期によって子どもの様子や、保護者の子育てに対する悩み・心配ごとは異なります。子どもの成長や保護者の想いに寄り添えるよう、保育参加のねらいを考えましょう。

いつ、どのような保育参加にする？

年度始めは、子どもも保護者も不安が多い時期です。ふだんの園での過ごし方がわかる保育参加や園内探検をおこなって、園の生活の様子を知ってもらいましょう。友達との交流が気になる秋以降には運動中心の保育参加、年度末には子どもたちが一生懸命取り組んだことを中心とした、保育参加を企画するなど、時期やねらいに沿ったプログラムを考えましょう。

園全体での意識の共有を

保育参加を実施するためには、保育者・調理師・事務員・栄養士など園の全スタッフが保育参加の意義（Ｐ14〜15参照）を理解することが必要です。

さらに、園としてどのようなねらいをもって取り組むかも全員で共有しておきましょう。

保護者には分けて連絡することが大事！

必要な情報は、保護者がしっかりと理解し、準備しやすいように数回に分けて伝えましょう。

入園前や入園時、新年度が始まるときには、直接保護者に説明する時間を設け、保育参加の日程や概要を伝えます。保育参加の1か月前には当日の服装・持ち物・心構え、1週間前には当日の集合時間・時間割・注意事項などを伝えます。保護者が安心して参加できるように工夫することが大切です。

当日までの準備の流れ

保育参加には、いくつかの種類があります。「一日保育者体験」のほか、「製作中心の保育参加」「運動中心の保育参加」などが多くおこなわれています。代表的な３種を例として、それぞれの保育参加の準備の流れを紹介します。

一日保育者体験

前年度中

日程を決める

共働きの保護者も多いので、すべての保護者が参加できるように、期間を数か月設定して、参加日を選べるようにするなどの工夫をします。
保護者が子どもたちや保育者としっかりと関われるように、園全体で１日最大３人くらいの受け入れがいいでしょう。

ねらいや時間割を考える

スタッフ全員で一日保育者体験のねらいを共有し、プログラムを考えます。

３〜４月

説明会の実施

入園説明会や新年度開始時の保護者会などで、説明する時間を設定し、概要や日程を伝えます。保護者が関心をもって参加したくなるように工夫しましょう。

参加期間開始の１か月前

日程のヒアリング

実施内容や期間を記載したおたよりを配布し、保護者の希望日程を確認します。

それぞれの参加日の１か月前

おたよりを配布

当日のタイムスケジュールや服装・心構えなどを記載したおたよりを配布します。

一日保育者体験実施

製作中心の保育参加

前年度中

日程や製作の内容を決める

ねらいに合わせて、何を作るか、いつおこなうかを決定します。

3〜4月

保護者にお知らせ

入園説明会や新年度開始時に、日程や概要を伝えます。

1か月前

製作物の準備

具体的に何を製作するのかを決め、必要な材料や道具などを手配します。

日程や内容に関するおたよりを配布

日程と具体的な製作内容を伝えます。

1週間前

当日についてのおたよりを配布

当日の流れ、持ち物などを記載したおたよりを配布します。

前日

会場設営

製作しやすいように、道具や材料の準備、会場づくりをします。

保育参加当日

運動中心の保育参加

前年度中

日程やプログラムの内容を決める

日程を決め、ねらいに合わせてどんなプログラムを実施するのかを決めます。体育館などを借りる場合には、その手配もしましょう。

3〜4月

保護者にお知らせ

入園説明会や新年度開始時に、日程やプログラムの内容を伝えます。

2か月前

具体的な種目や担当などを決める

具体的な種目・担当・運営方法を決めます。必要なものをリストアップします。

1か月前

子どもたちと練習をする

説明会を実施、または内容に関するおたよりを配布

一日の流れ・当日の持ち物・服装・競技内容・家庭で準備してほしいものなどを伝えます。

1週間前

当日についてのおたよりを配布

プログラムや当日の持ち物などを伝えます。

前日〜当日

会場設営

会場の設営をおこないます。

保育参加当日

おたより作成のポイント

保育参加について保護者に伝えるおたよりを作成しましょう。
一日保育者体験を始めるときに配布するおたより、
日程が決まったあとに配布するおたよりを例にポイントを説明します。

一日保育者体験を始めるおたより例

※こどものもりで配布しているものをもとに改変

保育参加の目的や内容、
実施時間などを記載します。
スケジュール表も配布し、
参加希望日を書き入れて
提出してもらいましょう。

保育参加の意義や、
保護者にとってのメリットを
伝えましょう。

一日保育者体験を始めます！

今年度もご父母のみなさまに「一日保育者（先生）」として、より子育ての楽しさと
大切さを実感していただければと願い、下記のように実施します。
お忙しい毎日とは存じますが、積極的なご参加をお願い申しあげます。

・子育て力アップに！
・子育ての楽しさ再発見に！
・我が子の成長を実感できます！

1）目的：保育者としての体験を通して、我が子やほかの子とふれあうことが、子育てに対する喜びと親としての役割と責任を体感する機会となります。
※昨年度参加したからではなく、「毎年、発見できる子どもの姿・成長」を楽しみに来ていただけることを願っています。

2）内容：保育者の手伝いをしながら、子どもと一緒に生活し、学ぶ・昼食（おやつを含む）・遊ぶなどをしていただきます。

3）日時：土曜・日曜・祭日・園行事日を除く
□月◇◇日（月）から△月××日（金）までの1日　午前8時15分～午後3時

※半日ではなく、午前・午後とも参加可能な日をご指定ください。
＊0歳児がいて終日は無理な場合、園までご相談ください。
＊原則全父母参加ですが、やむを得ず参加が無理な場合は園までご相談ください。

※各クラス、1日1名の参加限定となります。
可能な日を第3希望までお選びの上、□月▽▽日（金）までに提出してください。

※お父さま、またはお母さまがご参加ください。
お父さまの参加、大歓迎です。
午後の時間に保育者と感想などについて話し合う場を設けます。

※保育中に携帯電話・カメラは使用しないでください。

※園舎内外は子どもの施設ですので、禁煙となります。

※その他持ち物・服装などの詳細は、
改めて日時が決定次第お知らせいたします。

全員に参加してもらうため、
事情がある場合は、
相談できるように伝えましょう。

両親に子どもの様子や
園での生活を知ってもらう
ことが目的のため、
祖父母ではなく、両親に
参加してほしいことを
伝えます。

携帯電話やカメラの使用
などの注意点、今後伝える
内容を告知しておくと、
保護者は安心できます。

POINT

一日保育者体験をおこなう保護者は各クラスに1人ずつのほうが、
保育者と保護者が深く関わることができるため、よりよい効果が得られます。
一日保育者体験が可能な日を多く設定することは、参加率の増加につながります。

日程が決まったあとに配布するおたより例

※こどものもりで配布しているものをもとに改変

保育参加当日の集合時間、終了時間を記載したうえで、園での一日の流れを把握してもらえるよう、基本的なスケジュールも記載します。子どもたちの予定と保育者の動きを並べて記載することで、保護者がイメージしやすくなります。

表面

一日保育者としてのご参加、ありがとうございます！

当日は長時間となりますが、子どもの育ちを発見する機会として
貴重な体験を私たちと共有していただければ幸いです。
以下、当日の事についてのお知らせです。ご不明な点はお問い合わせください。

※集合時間：午前８時10分 ランチルーム　※帰りは午後３時頃です。
※クラスの子どもたちに絵本を読んでいただきますので、ご家庭から1冊お持ちください。

	園児			保育者（太字が一日保育者の動きです）		
	そらぐみ 3・4・5歳児	**ほしぐみ 3歳以上児**	**3歳未満児**	**そらぐみ 3・4・5歳児**	**ほしぐみ 3歳以上児**	**3歳未満児**
7：30 8：00 8：15	ほほえみタイム （預かり保育） （ほしぐみと合同）	ほほえみタイム （早朝時間外保育） 合同保育・随時登園		時間外（早番）担当受け入れ開始		
8：30 8：40	徒歩登園開始	随時登園 部屋入り口にて あいさつ	随時登園 保護者が準備	園バス出発 **朝礼**（受け入れ担当・遅番を除く）		
10：00	身支度終了後、 絵のコーナーで１枚描く。 その後ワクワクタイム コーナー活動開始		コーナー活動	3歳以上児担当を中心に コーナー担当開始（**コーナー補助**） ・クロークコーナー ・造形コーナー ・表現コーナー ・クッキングコーナー ・絵のコーナー ・ごっこのコーナー ・外遊びコーナー ・自然コーナー		
10：40 11：15	**おひさまタイム** 保育者と一緒に 絵本・紙芝居・散歩・ダンス・お話 など		おやつ 散歩	**0・1・2歳児おやつ（排泄・着替え・おやつ補助）**		
11：30			ランチタイム	**食事前のグループでの集い**		**散歩**
12：15	**ランチタイム** ランチルームで3グループ順番に 自分で食べられる量の おかずを盛る。		すやすやタイム 午睡	2グループ4名担当 **ランチルームでの食事補助** **ランチルーム担当１名**		**食事準備** ランチタイム **食事補助**
13：30 14：00 14：30	食後の休憩 **ぽかぽかタイム** 午後の活動 預かり保育児は ほしぐみに合流 帰りの集まり 1バス降園 徒歩通園児降園 2バス降園	**おやすみタイム** 順次午睡準備 午睡・休憩 パジャマに着替え てゆっくり休憩 年長児は午睡なし 独自活動有り 目覚め	目覚めた子は 静かに 過ごします 目覚め	**各コース補助** 午後の保育 帰りの集まり **絵本を読む** バス乗車 **清掃** **担当との話**	**コース補助** 午睡 （お話・絵本） **絵本を読む** 休憩 記録 **担当との話** **コーナー** **清掃・かたづけ**	午睡（絵本） **絵本を読む** 休憩 記録 打ち合わせ **担当との話** **園庭清掃・かたづけ** **目覚めた子と遊ぶ**
15：00 16：15	ほしぐみ・そらぐみ預かり保育児 合同着替え・かたづけ・おやつタイム 帰りの集い		おやつタイム	**清掃** **コーナー準備** 休憩	**保育室清掃・おやつ補助**	

一日ごくろうさまでした。

当日の持ち物や服装、子どもたちに対応する際の心得など、事前に確認しておくべきことをまとめておきます。

子どもたちのためにも、お願いすることは、はっきりと伝えることが大切です。

裏面

おねがい：このおたよりは参加前日にもう一度読み直してお越しください。

≪参加当日・一日保育者としての参考にしてください≫

こどものもりには、一年を通じて養成校から学生さんが、実習生として大勢学びに来ています。その実習生に伝えていることです。

1. 笑顔で子どもたちに接してください。
2. 言葉づかいに気を配りましょう。（必要以上の大きな声を出さない/ていねいな言葉づかいなど）
3. 持ち物
   □水筒（ランチは給食を食べます）　□上履き（なるべくスリッパでないもの）
   □タオル地のポケットに入るくらいのハンカチ
4. 服装 動きやすい服装（スカート、ジーパン類は禁止）
   チノパン類などストレッチ性のある動きやすいパンツなどがよいです。
   丈が長すぎたり、短かすぎたり、太すぎたり、体にぴったりすぎないもの
   Tシャツ、ポロシャツ、トレーナー類（袖が長すぎるものは手首まで折る）
5. 運動ぐつ類（ヒールのあるもの、サンダル類は禁止）
6. 帽子（園庭へ出るとき用）
7. 髪の毛は子どもから見ていつも「先生の顔がステキに見えるように」
   前髪は垂れないようにし、長い髪は束ねるなどしてきちんと整えましょう。
8. 小さい子に接します。自分の「ツメ」はいつも短く切り、マニキュアはつけないように、
   アクセサリーはつけないようにしましょう。

≪おねがい≫

◆ 名札を園で用意しますので、帰りまで必ずつけておいてください。帰りにはホルダーのみお返しください。名前用紙は記念にお持ち帰りください。
◆ 荷物は園にて帰りまでお預かりします。なるべく少なくし、貴重品は持ってこないようにしてください。
◆ 携帯電話は園内使用禁止です。荷物にお入れください。保育の妨げになりますので、ポケットなどに入れたままにしないようにお願いします。仕事場からの緊急連絡などは、園に直接電話していただくようにしておいてください。緊急の場合は取り次ぎますので、その旨を仕事場にお伝えくださるようにお願いします。
◆ 保育者としての参加ですので、ビデオ・写真撮影はしないでください。
◆ 帰宅前にアンケートにお答えください。

≪その他≫

◆ 小学生の帰宅時間などのご都合もおありかと思いますが、午後３時まではご参加ください。
◆ 未入園のきょうだいにお母さまがかかりっきりになりますと、保育者として動くことがむずかしくなりますので、どなたかにご協力いただくか、お父さまのご参加をお待ちしております。
◆ やむを得ずきょうだいが一緒に参加の場合は、ランチ・おやつ代として一人250円をいただきます。（大人は無料）
◆ やむを得ず午前８時15分～午後３時まで参加できない場合は「午前8時15分～11時半」と「午後12時～3時」などのように、2回に分けての参加もご相談に応じますので、お申し出ください。
◆ 急用で日にちの変更をご希望の場合は早めにお知らせください。（３月上旬まで可能です）
◆ みなさまにも予定を変更していただいたり、いろいろとご都合をつけていただいたりすることが多々あると思いますがご理解、ご協力をお願いします。

POINT

必要事項をまとめて確認できるおたよりがあると、保護者も安心して当日に臨むことができます。

有意義なものにするために

参加する保護者はもちろん、受け入れる保育者がどのような気持ちで
保育参加に臨むかによって、保育参加の成果が変わってきます。

よく見せるのではなく、「いつも通り」に

保育参加のためにと、必要以上に環境を整えようとしたり、よく見せようとしたりすると、「非日常」になってしまいます。子どもたちが敏感に感じとって、ソワソワしてしまうことも。日常でどう関わっているかを伝えることが、保護者の安心や信頼につながります。保育者は「いつも通り」を意識して、保育参加に臨みましょう。

こまかい動きはその都度伝える

一日の流れは事前におたよりで伝えておきますが、当日の朝にもその日の予定を改めて説明しましょう。さらに、一度に全部伝えると保護者が覚えきれないこともあるため、その都度、声をかけることで保護者もスムースに動けるようになります。

初めての保育参加では保護者が緊張して、子どもに積極的に関われないことがあるかもしれません。そんなときは子どもの輪に入れるよう、さりげなく支援しましょう。

保護者が自信をもてる場面をつくる

保育参加で、子どもたちと楽しく関わった経験が、保護者の子育てに対する自信につながることがあります。

取り組みとしておすすめなのは、絵本の読み聞かせです。子どもたちが聞き入ったり、素直に反応したりする様子を感じることで、自信をもち、子育てに意欲的になれることがあります。一日保育者体験などで取り入れてみてください。ほかにも、保護者のギター演奏でうたうなど、特技を生かして一緒に楽しむ場面をつくるのもいいでしょう。

振り返りで深い気づきを

保育参加が終わったら、保護者と一緒に振り返りをしましょう。保護者が保育参加で体験したことを話すと、園で過ごした一つ一つの経験に意味づけすることができます。

また、保育者が保護者の気づきに向き合うことによって、より深い気づきや子どもへの理解につながります。大人数が一度に参加する保育参加で一人ひとりと話せない場合はアンケートをとっておき、後日の面談で生かしましょう。

COLUMN

子どもの「自ら考えて、行動する力」を伸ばすために

こどものもりの保育方針を少しご紹介します。

私たちの園であるこどものもりでは、子どもたちが「自ら考え、行動する力」を身につけることを大切にしています。しかし、一朝一夕にその力を育てることはできません。じっくりと段階を踏むことが必要です。そのため、園での活動や行事の中では、子どもたちが話し合って決める場面をたくさん用意しています。

そして、そのような場で保育者や保護者に求められるのは、教えたり指示したりすることではなく、子どもたちの言葉に共感しながら「こうするためにはどうすればいいかな？」と問いかけたり、「こういう方法もあるけど、どう思う？」と提案したりすることです。大人の発言をヒントに、子どもはさらにイメージをふくらませ、考えを発展させていくのです。

２章から紹介する保育参加の実践例でも、子どもたちが選んだり、考えたりするしくみがたくさん出てきます。例えば、「運動中心の保育参加」(P.54 ～ 61 参照）では、自分たちのする競技の内容を子どもたちが考えます。さらに、卒園前におこなう「プロジェクト型の保育参加」(P.62 ～ 69 参照）では、年長児が「何をするか」を決め、企画から当日の準備までをおこないます。

みんなで話し合う中で、ぶつかり合い、失敗することもあります。しかし、こうした経験を通して、子どもたちが自分たちで考え、行動する力を身につけていくと考えています。

2章

実例に学ぶ
保育参加

保育参加を 20 年近くおこなっている、
幼保連携型認定こども園こどものもりの
実例を写真で紹介します。

一日保育者体験

一日、保育者として子どもたちと接してもらう保育参加です。

この参加のねらい

保護者が保育者として一日過ごす中で、子どもたちが園でどのように生活しているのかを知ることが一番の目的です。いつもと同じように、遊んだり食事をとったりしている様子を一日保育者として深く関わりながら知ってもらうことで、以後の園の様子を伝える際に、よりイメージしやすくなり、保育者とのコミュニケーションも円滑になっていきます。

また、保護者は保育者から子どもへの接し方を学び、子育て力をアップすることができます。ほかの園児も含めて一緒に遊んだり、保育者のサポート保育活動をしたりする中で、子育ての楽しさを再発見する保護者も多いようです。

どんなことをしているの？

朝のミーティングから、子どもたちが降園したあとの掃除まで、保護者に保育者として一日過ごしてもらいます。参加人数は1クラス1人限定で、園全体で3人まで。保護者と保護者がお互いをよく見られるようにするためです。

各家庭のお父さん・お母さんのどちらかが、必ず1年に1回参加します。

おすすめの時期

保護者が参加しやすいよう、期間を長めに設定しましょう。私たちの園では、子どもたちの様子を見ながら、園生活に慣れた6〜9月頃にスタート。

ふだんの様子が見られるように、行事などの特別な日を除き、2月までほぼ毎日、一日保育者体験をおこなっています。

一日保育者体験の流れ

登園前

ミーティング・準備

保護者は、スタッフの集まるミーティングに参加し、自己紹介をして、一日の流れを確認します。その後、子どもたちが来るまでに、掃除などの準備をおこないます。

登園～午前

自由遊び

こどものもりではクラスごとではなく、子どもたちが興味のあることに取り組めるよう、お絵描きや外遊び・クッキングなど多彩なコーナーに分かれて遊びます。保護者は担当するコーナーで、子どもたちと一緒に遊んだり、保育者のサポートをしたりします。

お昼

ランチタイム

保護者は食事の補助をおこない、子どもたちと一緒に食事をとります。

午後

リラックスタイム

食後のゆっくりと過ごす時間に、保護者が1冊の絵本を読み聞かせします。

自由遊び

保護者は、自分の子どもの活動に合わせて補助をおこないます。

降園

帰りの集まり

1号認定児[*1]は、帰りの集まりをおこないます。保護者も参加し、あいさつをします。2号認定児[*2]は、引き続き自由遊びをおこないます。

降園後

保育終了後

保護者は、保育者と一緒に清掃をします。終わったら、アンケート用紙に記入し、保育者と面談をします。最後に、親子でおやつを食べて、保育参加は終了です。

＊1：教育標準時間（4時間）を基準とした保育を受ける子

＊2：＊1を含む、1日原則8時間の保育を受ける子

登園前

ミーティング・準備

子どもたちが来る前から
保育参加が始まります。

朝のミーティングでは、園長・副園長・保育者のほか、調理師や事務員などスタッフが集合。そこに保育参加の保護者も同席します。ここでは基本理念を確認するほか、園全体の一日の流れを共有。最後に、園長より「一日よろしくお願いします」と、スタッフと同じ名札を保護者に渡します。

ミーティング終了後、担当の保育者が保護者にクラスの一日の流れを伝え、一緒にコーナー活動の準備を始めます。

園の理念を保護者にも伝えるところから一日が始まります！

当番のスタッフが園長の著書を音読し、そのテーマに合わせて自身の考えや子どもたちの様子などを伝えます。全員で園の理念や考え方などを共有する時間です。

参加する保護者の自己紹介

各クラスで1人ずつしか参加できないため、お互い初対面の保護者もいますが、これをきっかけに交流が始まることもあるそうです。

保育者はエプロンをつけません

私たちの園では、家庭的なぬくもりを感じる保育環境をつくりたいという考えから、ふだんから保育者もエプロンをつけていません。

担当クラスの保育者と打合せ

ミーティング終了後、担当クラスの保育者が保護者にそのクラスの一日の予定を伝えます。最初にあまりこまかく伝えても覚えるのが大変なので、それぞれのタイミングで保護者が動きやすいよう、随時声かけをおこないます。

子どもたちが来る前に掃除

登園前に遊び場を掃除することで、子どもたちが安全に、安心して遊べる環境づくりを体験してもらいます。

準備の時間は貴重なコミュニケーション・タイム

登園前の準備の時間は、保育者と保護者のコミュニケーションの時間にもなります。担当クラス以外の保育者も保護者に積極的に話しかけ、困ったときに助けを求めやすいよう緊張をほぐすことを心がけます。

入園前の子も楽しく過ごせました！

保護者の声

入園前の我が子も一緒に！

入園前の小さな子がいるので、参加はできないかな？　と思いましたが、一緒に参加させてもらうことができ、子どもにとってもいい体験となりました。

登園〜午前

自由遊び

子どもたちはみんな好きな遊びをします。

子どもが自分自身で興味のあることを見つけ、集中して遊びや活動に取り組めるよう、自由遊びの時間に「コーナー活動」をおこなっています。お絵描きや、造形・ごっこ遊び・外遊び・自然遊び・絵本・クッキングなど、様々なコーナーがあります。

一日保育者体験では、コーナー担当の保育者と一緒に、保護者も子どもたちの遊びを見守ったり、一緒に体験したりすることが、子どもの言動の意味や心の動きに気づくきっかけになっています。

子どもたちが登園して、自由遊びがスタート

登園した子どもたちは、自分のロッカーにカバンを置き、スモックに着替えたら、「絵のコーナー」で好きな絵を１枚、じっくりと描きます。それを終えると、好きなコーナーで自由に遊び始めます。保護者も担当のコーナーで見守ります。

いろいろなことを知っている子どもたちにビックリ！

外遊びコーナーの一コマ。飼育小屋のアイガモを一緒に見ていると、子どもたちがいろいろなことを教えてくれました。保護者も知らないアイガモの話が出てくるなど、ビックリする場面も。

保護者も一緒に遊びを楽しむことが大切です

園庭を走り回ったり、ボールや遊具で遊んだり、子どもたちは元気いっぱい！　自分の好きなことに熱中する子どもたちを、保育者と保護者が一緒に見守り、遊びにも加わります。一緒に体験することで、保護者は子どもの様子を見ることはもちろん、子どもと保育者の日頃の関わりも見ることができます。

「はさみを上手に使えるようになったね！」

園庭にテーブルを出し、お日さまの下での造形コーナー。毛糸を使ってポンポンを作っています。子どもと一緒に保護者も楽しみ、「はさみを上手に使えるようになったね」と子どもの成長を実感できる時間に。

保護者の声

先生の言葉かけ、さすがです！

「これ作るの、何回目？」と聞くと、子どもは答えられなかったけれど、先生が「初めてやるの？」と聞いたら「うん。……２回目」と答えてくれました。言葉のかけ方が大事なんだなと感じました。

０～２歳児クラスでは

保護者と離れられなくても大丈夫

０～２歳児では、お母さんにピッタリとくっついて離れない子もいますが、無理に引き離す必要はありません。その状態でも友達との関わりなど、いろいろな姿を見せてくれます。

お昼

ランチタイム

ランチルームでグループごとに、異年齢で食事をとります。

ランチルームでは、異年齢の子どもたちがグループごとに食事をとります。配膳はブッフェスタイルで、「自分が食べる分量」を自分で決め、自分で皿に盛りつけ。花が飾られた各テーブルにグループごとに着席し、それぞれで食べ始めます。

　一日保育者体験では、保護者も保育者と一緒に子どもたちに汁物を配るなど配膳を手伝い、子どもたちと一緒に食事をとります。家庭での食事とは違う子どもの様子を見ることができます。

食べる量を確認しながら配膳の手伝い

「体調などに合わせて、自分で食べる量を決めることが大切」という園の考えを、配膳の手伝いを通して感じてもらいます。

「みんなで食べるとおいしいね」も一緒に体験

年長のお当番さんが花を飾ってテーブルを準備。ゆったりとした音楽が流れる落ち着いた空間で、保護者も一緒に食事を楽しみます。

自分のことは自分で

小さい子も自分でできることは自分で。保護者はその手伝いをすることで、子育てのヒントを得ることもあります。

食事の様子にも気づきがあります

異年齢が一緒のテーブルで食事をするため、年上や年下の子ともコミュニケーションをとることができ、子どもの成長についていろいろなことに気づくこともあります。

保護者の声

ちゃんとおはしが使えていてびっくり！

家ではまだ手を使うことがあったり、こぼしたりすることもあるのですが、園ではちゃんとおはしで食べられていました。家にいるときよりしっかりしているかも。家での食事のときの参考になりました。

かたづけも子どもたちが担当します

テーブルごとに「ごちそうさま」をしたら、自分たちで食器をかたづけ、テーブルもきれいにふきます。その様子を見ることは、保護者にとって、家庭での過ごし方のヒントにもなります。

0〜2歳児クラスでは

それぞれに違いがあっていいんです

食べ方も、食べる量も子どもにより様々です。自分の子以外の食事の様子を見て、同じ年齢・月齢でもそれぞれの子のペースがあることを保護者は知ることができます。

食べるって楽しいね！

0〜2歳児クラスの子どもたちは、それぞれの部屋で食事をとります。スプーンやフォークを使って食べる姿を見守りながら、食事の楽しさを伝える大切さを感じてもらいます。

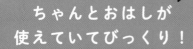

午後

リラックスタイム

食後は少しゆっくりする時間をつくっています。

食後のリラックスタイムでは、保護者が持参した絵本で読み聞かせをしてもらいます。絵本選びも保護者とその子どもの楽しみの一つで、子どもと一緒に選ぶ保護者も多いようです。絵本の読み聞かせは、子どもたちの反応がダイレクトに伝わりやすく、自由遊びなどではうまく子どもたちと関われなかった保護者も、保育参加に積極的に関わるきっかけになります。

　絵本の読み聞かせが終わると、2号認定の年少・年中児は午睡し、1号認定児はそのまま午後の自由遊びに入ります。

子どもたちが楽しみな読み聞かせ

読み聞かせでは、たくさんの子どもたちの新鮮な反応が、保護者にとって育児の自信につながったり、読み聞かせの楽しさを再発見するきっかけになります。

0～2歳児クラスでは

午睡の準備をしてから絵本に

0～2歳児の子どもたちは、午睡の準備をしてから絵本を読みます。みんな集中して物語の世界に入っています。

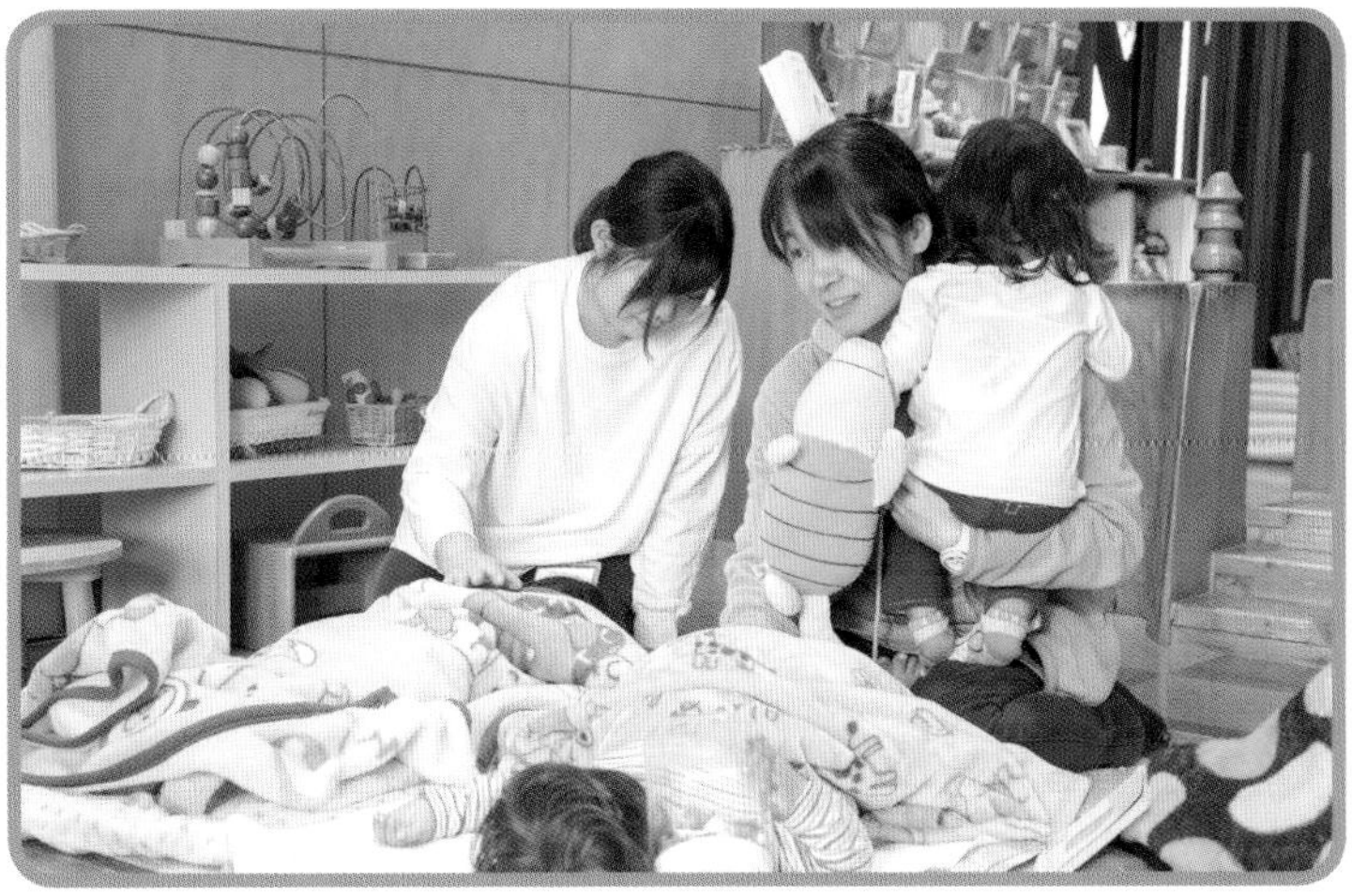

寝かしつけもします

0～2歳児の保護者が参加する日は、寝かしつけの補助にも入ってもらいます。保護者の寝かしつけ方を見て、保育者が保育で生かすこともあります。

保護者の声

寝かしつけのヒントをもらいました！

なかなか寝てくれないのが悩みの種でした。先生が上手に寝かしつけているのを見て、家でまねしてみたら、うまくいきました。

おやすみなさい……

絵本を読んでもらったあとは、午睡の時間です。眠れない子も、静かにふとんの中で休みます。

午後

自由遊び

午後もそれぞれ自由に遊びます。

降園までの時間は、それぞれ自由に過ごします。午前中の自由遊びよりも長く時間をとれる子が多いため、行事の準備や練習をしたり、じっくり自分の好きな作品を作ったりする子たちがたくさんいます。

　子どもたちが何に熱中しているかを知ることで、家庭の環境づくりの参考にする保護者もいるようです。できた作品や練習の様子を保護者に見てもらうことは、子どもたちのモチベーションアップにもつながります。

集中しています

異年齢の子が一緒になってお絵描きや造形を楽しみます。一生懸命描く姿を見ることで、子どもたちの想像力や表現方法など、いろいろな気づきがあります。

お勉強をしている子も！

自由に過ごす時間なので、遊びだけでなく、ひらがなの練習をする子もいます。小学校入学への準備の参考になったという保護者の声も。

本番がもっと楽しみに！

行事の練習を保護者に見てもらうことも。この日はプロジェクト型の保育参加に向けて、練習している手作り紙芝居を披露しました。ちゃんとお客さんが聞きやすいように読めて、みんな大絶賛！　プロジェクト型の保育参加の詳細は、P.62から紹介しています。

相談しながら看板作り

こちらもプロジェクト型の保育参加の準備です。お店やさんごっこの看板を製作中。「この色はどうかな？」などとみんなで話し合って作ります。

異年齢との関わりも見てもらいましょう

私たちの園では異年齢保育を導入しています。そのため、各コーナーで遊んだり、生活したりする中で、年下の子のお世話をしたり、年上の子のまねをしたりする子どもの姿がしぜんとあり、保護者が成長を感じることができます。異年齢保育を導入していない園でも異年齢の関わりを保護者に見てもらうのがおすすめです。

降園

帰りの集まり

1号認定児は、「帰りの集まり」をします。

1号認定児は、午後の活動が終わったら帰る準備をして「帰りの集まり」をおこないます。

「帰りの集まり」では、連絡事項の確認だけでなく、保育者が子どもたちに今日の楽しかったことを聞きます。子どもたちの感想を聞くことは、保護者の達成感にもつながります。反対に、保護者からも子どもたちに向けて、話をしてもらいます。

もうそろそろ帰りの時間です

園服を着て、自分の荷物を持って集合。保護者も子どもたちの準備を見守ります。

みんなと笑顔であいさつ

「帰りの集まり」の保護者からのあいさつでは、子どもたちに感謝の言葉を伝えることも。その言葉に、子どもたちは自分が役に立てたことを実感できます。

今日も一日楽しかったね

最後は玄関で、帰る子どもたちをお見送り。

降園後

保育終了後

子どもたちを見送ったあとも保育参加は続きます。

保護者は、保育者と一緒に部屋や園庭のかたづけをおこないます。一日の保育者の職務を見てもらいたいという方針から、子どもたちが降園したあとも保護者に参加してもらうようにしています。

かたづけが終わったら、アンケート用紙に一日保育者体験の感想などを記入してもらい、保育者と面談。体験を有意義なものにするための大切な時間です。

親子で手作りおやつをいただいたら、保育参加終了となります。

最後まで保育者体験です

保育者と一緒に、かたづけをおこないます。一日の締めくくりのお仕事です。

保護者の声

子どもたちを見るだけではない

保育参加をしたことで、子どもたちが帰ってからも、先生方にはたくさん仕事があることを知りました。子どもたちのために、働いてくださっていることに感謝しています。

今日一日を振り返ります

かたづけが終わったら、アンケート用紙に保育参加の感想などを記入します。

次のページへ

アンケートを記入したら

面談で気づきを共有します

アンケートへの記入が終わったら、保育者と面談をします。保育者と話をすることで、体験したことを家庭でも生かしてもらえるようにしましょう。0～2歳児の場合は、午睡の時間に面談をおこなうこともあります。面談のポイントはP.80で紹介します。

最後は親子で

かたづけや面談が終わったあとは、子どもと一緒に手作りおやつを食べ、一日保育者体験は終了です。お疲れさまでした！

お疲れさまでした！

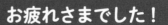

まとめ

一日保育者体験に参加した感想

一日保育者体験に参加した保護者に感想を聞きました。

Aさん
（2歳・4歳児保護者）

今日は2回目の保育参加でした。1回目のときはとても緊張しましたが、今日は少し余裕をもって臨めたように思います。

ふだんは仕事があり、お迎えは夕方なので、一日を通して子どもと一緒に過ごせる機会は貴重で、いつもは見ることができない子ども同士で遊ぶ姿などを見られたことも新鮮でした。家ではわがままを言うことも多く、甘えん坊のところもありますが、園での姿は少し大人っぽいと感じました。

1回目、2回目ともに強く感じたのが、先生方への尊敬の念です。毎日多くの子どもと向き合いながら、つねに全方位に目を配り、動き回る様子に、「大変だな、すごいな！」と心から思いました。

Bさん
（3歳・5歳児保護者）

入園してすぐ、保育参加という取り組みがあることを聞きました。私は最初から抵抗感などはなく、「やってみたい」と楽しみにしていたので、今日一日とても楽しかったです！

我が子の園での様子を見て思ったことは、「園にいるときのほうがしっかりしているな」ということ。家ではけっこうやんちゃなので、少し意外で、うれしく思いました。我が子以外の子どもたちの様子を見られたこと、「○○くんのママ！」などと子どもたちに声をかけてもらえたことも、楽しかったです。

何より、先生方の子どもたちへの接し方を間近で見られたことがとても勉強になり、「こういうときはこういうふうに言えばいいんだ」など、今後の育児の参考にさせていただこうと思いました。

園ではとても
しっかりしてたよ
そうなんだー

ふだん遊びの保育参加

園でおこなっている遊びを親子一緒に体験する保育参加です。

この参加のねらい

子どもたちがふだんしている遊びを一緒にすることで、園でどのような遊びをしているのかを知り、家庭で子どもたちと遊ぶときのヒントにしてほしいというねらいがあります。

園での遊びを知ることで、家庭での子どもとの会話が広がるきっかけにもなります。

保育参加で実施する遊びの種類

当日親子で一緒にしたい活動を
事前に3〜4種類選んでもらいます。

① 空き箱製作
② 時計作り
③ 粘土
④ ままごと・積み木
⑤ 砂場遊び
⑥ 虫かご作りと虫採り
⑦ 縄跳び
⑧ 木工
⑨ 転がしドッジボール
⑩ ダンス
⑪ クッキング
（ホットケーキ作り）

どんなことをしているの？

当日一緒に遊ぶ内容は、事前にアンケートを実施し、いくつかの遊びの中から子どもと相談して選んでもらいます。また、園の環境を知ってもらうために、スタンプラリーをおこない、見てほしい場所にスタンプを設置することもしています。

また、このふだん遊びの保育参加は、お父さんを中心に参加してもらうようお願いしています（お母さんや祖父母などの参加もＯＫです）。お父さんの参加をきっかけに、家庭での子どもとの関わりが増え、園の行事に積極的に参加するようになることもあります。

働いている人も参加しやすいように、土曜日も含めた、３日間のうちの１日を参加してもらえるようにしています。

おすすめの時期

ふだん遊びの保育参加は、園を知ってもらうことや保護者同士の交流のきっかけになるので、年度始めのほうがおすすめです。子どもたちが新しい生活に慣れてきた6月に設定しています。

ふだん遊びの保育参加の流れ

登園

登園

親子で一緒に登園します。

午前

絵のコーナーでお絵描きなど

保育参加の始まりです。まずは親子で、ペットボトルに色を塗ったり、お絵描きをしたりします。

各コーナーで遊ぶ

事前にアンケートで選んだ遊びを親子で一緒におこないます。0〜2歳児クラスの親子は当日の子どもの気持ちに合わせるため、事前には決めず、各コーナーをまわります。

スタンプラリー

親子で園内をめぐります。スタンプラリー中は保護者が子どもをおんぶしたり、肩車をしたりしてまわります。

お昼

ランチタイム

子どもはお弁当、保護者は園が用意したメニューを食べます。ランチルームに限らず、テラスや園庭など、好きなところで親子一緒に食事を楽しみます。

午後

園長の話

保護者が園長の子育てについての話を聞きます。

子どもたちからのプレゼント

子どもたちが心を込めて作ったプレゼントを保護者に贈ります。プレゼントをもらった保護者は「大好きだよ」とハグのお返しをします。

降園

降園

保育参加が終わったら、親子で一緒に帰ります。

POINT

- 自分の保護者が来ない日の子どもは、ほかの親子と一緒に遊ぶことでコミュニケーション力を育むことができます。
- 当日、園からおたよりを配り、子育てのヒントをお伝えします。子どもをほめることの大切さやスキンシップの必要性などについて書かれています。

登園～午前

お絵描き・各コーナーへ

絵のコーナーで楽しんだあとは、事前に親子で決めた遊びをします。

登園したら、親子で一緒に「絵のコーナー」へ。この日はペットボトルツリーを作るため、親子でペットボトルに色を塗ったり、絵を描いたりしました。

そのあとは、事前にアンケートで選んだコーナー活動を親子一緒に楽しみます。子どもたちにとっては毎日おこなっているコーナー活動ですが、保護者と一緒という特別感があります。保護者にとっては子どものふだん遊びを体験できる貴重な時間です。

保護者も子どもと同じ遊びをします

親子一緒のお絵描きタイムからスタート。この日はペットボトルツリーを作るために、みんなで1つずつ色を塗っていきます。これがきっかけで、家で一緒にお絵描きすることが増えた親子も多いそうです。

似顔絵を描いて、親子でゆっくり向き合う時間を

子どもが保護者の顔をじっくり見て、似顔絵を描きます。ふだんは忙しい保護者が子どもとゆっくり向き合う貴重な時間です。

かっこいいお父さんの姿で子どもたちもやる気に！

お父さんが多いためか、木工は、毎年人気のコーナーです。保護者も気合い十分！　手ぎわよくくぎを打つお父さんの姿を見た子どもたちから、自分もやってみたいと意欲的な声があがります。

一緒に作って、一緒に食べます

クッキングは子どもたちが大好きなコーナーの一つ。ふだんは保育者と作るおやつを、今日は保護者と一緒に作ります。保護者が子どもに作り方を教わる場面もありました。

保護者の声

自分の子どもが好きなことは？

事前に子どものやりたい遊びを一緒に決めているので、保育参加の前から、その話題が増えました。今、自分の子がどんな遊びに興味をもっているか、何に熱中しているかを理解することができました。

子育て情報の交換の場にも

ふだん遊びの保育参加は、保護者同士の距離も近く、仕事と子育ての両立についてなど、ほかの保護者との情報交換の場にもなります。また、保育者の話から子育てのヒントを得ることもできます。

午前～降園

スタンプラリー・ランチタイム・プレゼント

愛情や成長を感じる活動が盛り込まれています。

コーナー活動のあとは、園庭でスタンプラリーをおこないます。園内の環境を隅々まで見てもらうのと同時に、親子で一つの目標に取り組むことができます。

遊んだあとは親子でランチ。保護者は園が用意したメニューを、子どもは家庭から持参したお弁当を一緒に食べます。そして最後は、子どもたちが保護者にプレゼントを贈ります。お互いの「ありがとう」「大好き」を伝えあう大切な時間です。

子どもが過ごす環境を見ながらスタンプラリー

園庭でおこなう親子スタンプラリー。保護者が子どもをおんぶや肩車をしてまわります。肩にかかる重さで子どもの成長を実感し、楽しみながら、ふだん子どもが過ごしている園内の環境を見ることができます。

保護者の声

すべてがわかるから安心

子どもの送り迎えだけでは見ることができない場所をまわることで、子どもがふだん過ごしている環境をすべて見ることができました。実際にその場に足を運んで、自分の目で見ることで園に対する安心感や信頼感がよりアップしました。

園内の隅々まで知ってもらうために

園内の畑など、保護者がふだんはあまり行かないような場所まで一緒にめぐります。この機会に保護者に見てほしい場所にスタンプを設置して、楽しめるルート作りを工夫しています。

ランチが
家庭同士の交流に

ランチは園内の好きなところで食べます。ほかの保護者とも一緒に食事をする中で交流がしぜんに生まれ、参加後にお互いの家を行き来したり、次の保育参加での再会が楽しみになったりすることもあるそうです。

手紙と似顔絵のプレゼント

子どもが描いた保護者の似顔絵と手紙を、「いつもありがとう」の気持ちとともに渡します。がんばって描いた絵のプレゼントに、子どもの成長を感じます。

子どもを抱きしめて
愛情を確認

子どもたちからプレゼントをもらった保護者からハグのお返しです。保護者に愛されているという実感が、子どもの心を豊かに育みます。保護者は子どもにふれることで、成長と愛情を再確認します。

降園です。
お疲れさまでした。

製作中心の保育参加

親子で作品作りに取り組んでもらう保育参加です。

この参加のねらい

作品を一緒に作ることで、子どもの巧緻性《こうちせい》の成長や感性の育みを見てもらうことがねらいです。楽しく製作する子どもたちの様子を見ることで、道具の使い方などの作業の進め方だけでなく、子どもたちの想像力・創造力にも目を向けられるように促しています。

また、製作を進める過程で親子の関わり方を見ることもでき、以後の保育や保護者対応のヒントにしています。

製作する七夕飾り

当日親子で一緒に作りたい飾りを
事前に3種類選んでもらいます。

① 三角・四角つなぎ
② 輪つなぎ
③ 貝がら・ちょうちん作り
④ あみ飾り作り
⑤ 折り紙飾り作り
⑥ お星さま作り

どんなことをしているの？

七夕にちなみ、数種類の七夕飾りを親子で作ってもらっています。全員が作るものとは別に、選択制のものも用意。事前にアンケートを実施し、6種類の中から3種類を選んでもらいます。この6種類は、切ったり、貼ったり、描いたり、様々な作業をできるようにし、はさみを使うものも必ず1つ以上入れています。できた作品を飾りつけ、七夕のセレモニーをおこないます。

3日間のうちの1日に参加をしてもらえるようお願いしています。

おすすめの時期

夏休み前の7月に設定しています。園では一人ひとりの発達の様子を見ながら指導するため、はさみの使い方などを一斉に教えるようなことはしませんが、保育参加を通して、夏休みなどに保護者と一緒にはさみを使うきっかけにしてほしいと考えています。

製作中心の保育参加の流れ

登園

登園

親子で一緒に登園します。

午前

七夕飾りの製作

事前に子どもと一緒に選んだ３種類の飾りと、切り紙と短冊、天の川を製作します。

笹に飾りつけ

晴れていれば園庭、雨であれば室内に飾られている笹に飾りつけをします。

七夕セレモニー

園長から七夕にまつわる話があります。完成した飾りや天の川のお披露目をして、みんなで七夕の歌をうたいます。

みんなで盆踊り

園の夏祭りの練習を兼ねて、みんなで盆踊りをします。

お昼

ランチタイム

ランチルームや園庭で、保護者は園が用意したメニューを、子どもは家から持ってきたお弁当を食べます。食べる場所はくじ引きで決めます。

午後

園長の話

保護者に向けて、園の方針や子育てをするときに大切にしたいことなどの話があります。

降園

降園

家庭でも七夕を楽しめるよう笹を渡しています。

POINT

- 保護者が３日間とも来られない場合は、家庭で七夕飾りを親子で作り、園に持ってきて飾りつけをします。参加できなくても、親子で一緒に製作をしてもらうことを大切にしています。

登園～午前

七夕飾りの製作・飾りつけ

まずは七夕飾りを作ります。

事前に親子で選んでおいた七夕飾りを一緒に作ります。折り紙を折ったり、はさみを使って七夕飾りを作ったり、短冊に願いごとを書いたり……。様々な活動を一緒におこなうことで、保護者は子どもの巧緻性の成長を感じることができ、保育者は製作をする過程で親子の関わり方を知ることができます。

　保護者と一緒に飾りを作り、飾りつけをするという経験は、保護者にとっても、子どもにとっても楽しい思い出になります。

はさみを使って七夕飾りを作りましょう！

６種類の七夕飾りの中から、事前に選んだ３種類の飾りを親子で一緒に作ります。全員が必ず折り紙をして、はさみを使った七夕飾りを作ります。その中で保護者が子どもの成長や感性のすばらしさに驚くこともあるそうです。

保護者の声

一人でできなくても一緒なら

七夕飾りを作る中で、自分の子ができること、できないことを知ることができ、できないことには親子で取り組むことが大切だと教えてもらい安心できました。

大きくなあれ！

ものを大切にすることも学びます

製作過程で出た切りくずを利用して、カラフルな天の川を作ります。のりをつけた大きな黒い紙に切りくずをまくことで、大きな天の川が浮かびあがります。ふだんなら捨ててしまう切りくずが、きれいな天の川になることで、子どもに「ものを無駄にせず使い切る」ことの大切さも伝えます。

親子一緒に短冊を飾りつけます

できあがった飾りと短冊を、親子で笹につけていきます。保育者にとっては、飾りつけをする中で、親子がどのような関わり方をしているのかを知る機会にもなります。

保護者の声

ほかの保護者の対応も参考になりました

自分の子どもだけでなく、よそのお子さんとも楽しそうにコミュニケーションをとりながら、飾りつけをしている保護者の様子を見て、とても参考になりました。自分ももっとたくさんの子どもたちとも関わってみようと思いました。

みんなで協力すると大きな作品ができるね

天の川が完成！　みんなで作ると、こんなに大きな天の川になりました。みんなで協力することの大切さも学びます。

おうちでも一緒に作ろうね！

みんなが作った飾りで、笹がどんどんにぎやかになっていきます。事前に選んだもの以外の飾りを作って、家庭でも楽しめるように、帰りには園から笹をプレゼントします。

午前～降園

七夕セレモニー・ランチタイム

みんなで交流する時間です。

飾りつけが終わったら、全員で七夕のセレモニーをおこないます。

七夕の由来や風習についての話を聞いて、完成した飾りや天の川のお披露目です。親子で手をつないで歌もうたいます。

セレモニーが終わると、ランチタイム。ランチのあとは、園長が保護者に向けて子育てのアドバイスや、子どもたちが現在取り組んでいることなどについて話をします。最後に、プレゼントの笹を渡したら、保育参加は終了です。

それぞれ違う天の川をお披露目！

完成した天の川のお披露目です。3日間それぞれ違う天の川ができあがりました。みんなの個性が出ていて、カラフルです。

親子で手をつないでうたいましょう

園庭での七夕セレモニー。七夕の話や、みんなで作った天の川と笹飾りの紹介をします。親子で手をつないで歌をうたうなど親子のふれあいも楽しめる時間です。

保護者も一緒に盆踊り

園でおこなう夏祭りの練習を兼ねて盆踊りをします。次の園行事にも、親子で参加するきっかけになります。

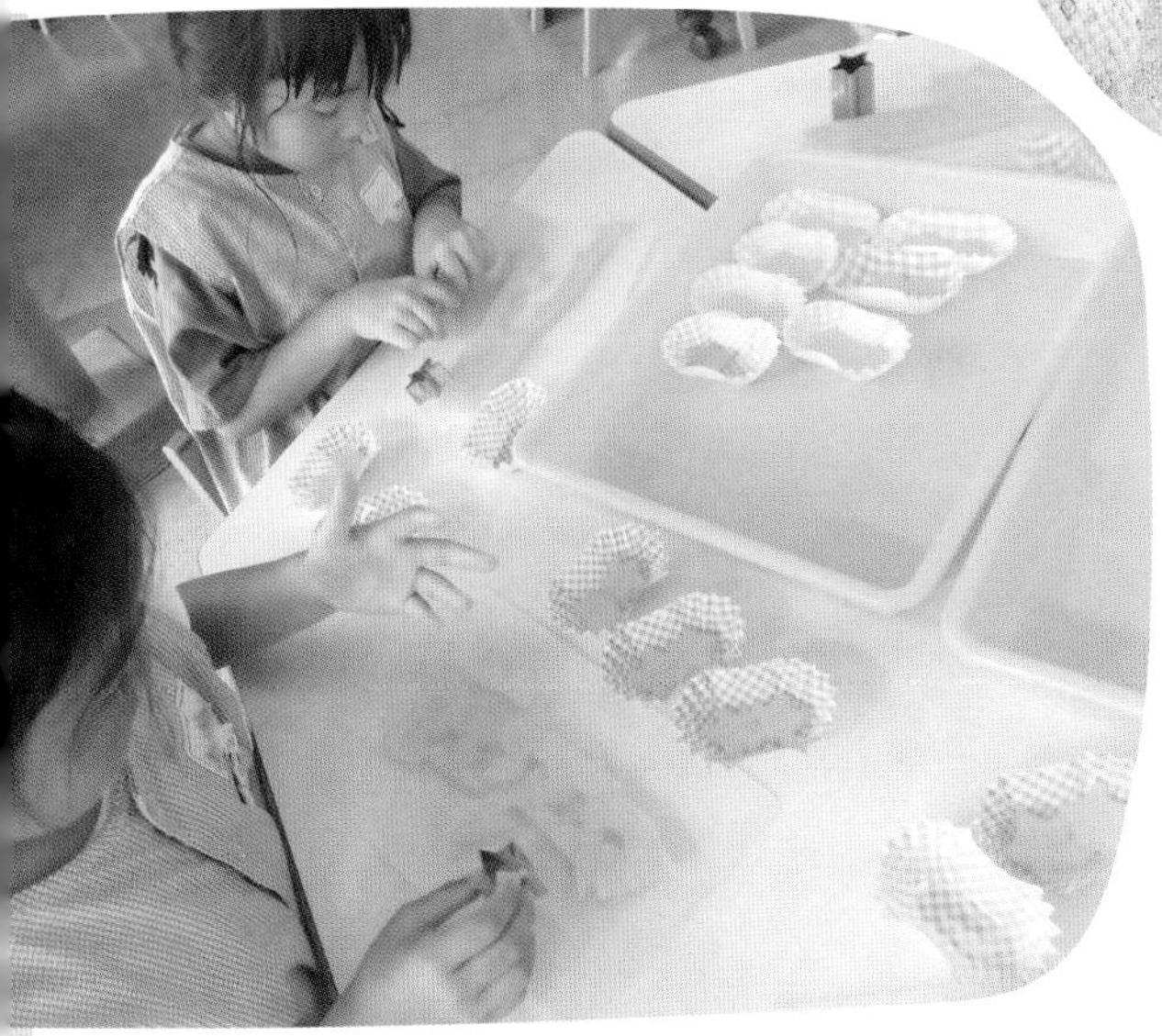

年長児が作ったゼリーを親子で食べます

七夕にちなんで星形のゼリーを年長児が作ってくれます。ゼリーは、保育参加に来た親子にふるまわれます。保護者と子どもで分け合って食べます。

みんなで楽しくランチタイム

くじ引きで座る席を決めるので、ふだんは交流が少ない保護者や子どもたちとも一緒にごはんを食べることができます。保育参加をきっかけに保護者同士の交流が始まることも。ランチが終わったら、園長の話を聞きます。

保護者の声

保護者にも新しい友達ができます

保育参加でとなりになった保護者と話が合って、その後も育児について情報交換をしています。保育参加をきっかけに、ほかの子の保護者とも交流ができるのがうれしいです。

家庭で飾る笹をもらって、降園です。お疲れさまでした。

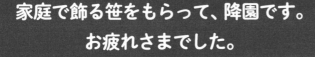

運動中心の保育参加

家族がチームとなって、競技やダンスを楽しみます。

この参加のねらい

運動遊びでは、友達・家族同士が力を合わせる場面がたくさん出てきます。そこで見える子どもたちの他者と関わる姿に成長を感じながら、一緒に楽しんでもらうのが、大きなねらいの一つです。

また、保護者が真剣に競技に取り組む姿は、子どもたちの「自分もやってみたい！」という気持ちも育んでくれます。そうした気持ちは、このあとの子どもたちの身体能力の成長にもつながっていきます。

どんなことをしているの？

私たちの園では、「運動会」を保育参加の形態にし、「ふれあいひろば」と呼び、全園児で一斉におこないます。

実施する競技の内容を、子どもたちが考えるため、練習する時間を保育者が決めなくても、子どもたちが自主的に遊びの中でおこなう姿が多く見られます。

また、当日使うチーム分けの家族用お面・ゼッケン・手作り楽器なども家庭で子どもたちと一緒に作ってきてもらいます。家族みんなで当日に向け、期待がもてるようにしているのです。

おすすめの時期

子どもたち同士の交流が活発になり、保護者同士も交流しやすいように、秋頃がおすすめです。

家族みんなで製作してほしいものがあるので、1か月ほど前に説明会をおこなって、準備をお願いしています。

運動中心の保育参加の流れ

登園

登園

家族で作ったお面をつけて登園するのがルールです。

午前

準備

年長児の保護者が準備を担当。年少・年中児の保護者は、終了後のかたづけを担当します。

開会セレモニー

参加者全員で準備体操をおこない、家族対抗「ジャンケン電車」でのウォーミングアップが始まります。その後、開会のセレモニーがおこなわれます。

かけっこ

年長児以外の子どもたちが、年齢ごとに分かれて走ります。0～2歳児は親子で、年少・年中児は子どもだけで走ります。

親子ダンス

子どもたちが家族と踊りたいと選んだダンスをします。1曲目は子どものみ、2曲目は親子で踊ります。

玉入れ

子どもだけで2回、親子で1回の3回戦でおこないます。親子でおこなうときは、親が子どもをだっこして玉を入れます。

家族ゲーム

ゲームの内容は当日までのお楽しみ。ミニゲームを3つから4つ組み合わせた競技に家族でチャレンジします。

午後

卒園児・小学生・祖父母ゲーム

園児を除き、家族や卒園した子だけがおこなう玉入れです。

未就園児のゲーム

年長児がお手伝いをして、競技をおこないます。

保護者のチーム対抗つな引き

保護者だけの真剣勝負です。保護者のがんばっている姿に子どもたちの応援にも力が入ります。

年長児全員リレー

年長児だけのリレー対決です。子どもたちが自分たちで走る順番を決めます。

手作り楽器のコンサート

家族で事前に作ってきた楽器を使って、全員参加のコンサートをおこないます。

フィナーレ

園長の話のあとに、花の種をつけた風船を家族みんなで飛ばします。

かたづけ

担当の保護者は、会場のかたづけまでおこないます。

降園

降園

家族みんなで降園します。

登園～午前

準備・開会セレモニー・かけっこ

会場設営や準備体操にも
保護者が参加します。

家族で作ったお面をつけて登園します。当日はチームの証であるお面を一日中つけて過ごすことで、一体感が生まれ、準備期間から家族で協力して取り組んできた期待感も大きくなります。
　登園後は保護者が設営に参加したあと、家族みんなで準備体操。そして、家族で列になり、「ジャンケン電車」が始まります。ウォーミングアップと同時に家族同士が仲良くなってきたところで、開会のセレモニー。そして、1種目目のかけっこがスタートです。

家族みんなでお面を作り、登園

家族みんながお面をつけて登園することで「チーム感」がアップ。子どもは自分のお面を園で製作しますが、保護者などの分は、家族で一緒に作ることが多いようです。みなさん力を入れて製作しているので、家からつけたまま登園するのを恥ずかしいとは思わず、むしろ堂々としているそうです。

お面は力作ばかり！

お面は家族それぞれのオリジナルデザイン。どの家族のお面がよいか投票がおこなわれるとあって、力作揃いです。

保護者の声

しぜんに会話が増えました

どんなお面を作ろうか、何の材料で作ろうかなど、家族でアイデアを出し合っているうちに、いつもより家族での会話が増えていきました。「ふれあいひろば」が終わってからも、来年はどんなのを作ろうかという話で盛りあがりました。

最初は家族だけの電車をつくります

家族ごとに準備体操を済ませたら、家族で列になって電車をつくり、「ジャンケン電車」でウォーミングアップです。小さい子からお年寄りまで参加できるので、家族全員で楽しめます。

いつの間にかみんなと関わることができます

音楽が止まったら、近くにいる家族とあいさつを交わし、先頭の子ども同士でジャンケンをします。保育参加の最初にいろいろな家族と関わることで、このあとの競技も盛りあがります。体も会場も温まり、一体感が生まれたところで開会セレモニーになります。

こんなに走れるようになりました

開会セレモニー後の最初の種目は、年齢別のかけっこです。0〜2歳児は、保護者と一緒に走ります。3歳以上の子が一人で一生懸命走る姿を見守る保護者から成長を感じる言葉が出ます。

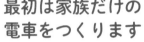

午前

親子ダンス・玉入れ・家族ゲーム

家族でふれあえる競技が盛りだくさん。

かけっこのあとは、家族でおこなう競技を3種目おこないます。「親子ダンス」と「玉入れ」は、子どもたちに人気の競技。親子ダンスの曲目も子どもたちが話し合って、いつもみんなでおこなっているものの中から選びます。4つのミニゲームを家族でおこなう「家族ゲーム」だけは内容を保育者が決めるため、競技の内容は当日のお楽しみです。

保護者も子どもも、家族で一緒にがんばることの楽しさを実感でき、絆をより深めることにつながります。

レッツ！　ダンシング♪

1曲目は子どもたちだけで、2曲目は保護者と一緒に踊ります。親子でふれあい、一緒に踊る時間は、子どもにとっても保護者にとっても、貴重な体験です。

親子で協力して玉入れ！

3回の玉入れのうち、最後の１回は保護者が子どもをだっこして、子どもが玉を入れます。保護者と子どもが一緒に夢中で玉を入れ、一緒に喜び合います。子どもだけでおこなう回では当日まで園庭で練習してきた成果を披露します。

家族でゴールを目指します

家族が一丸となって、４つのミニゲームを順番にクリアする「家族ゲーム」。４つのうち３つは毎年内容を変えているため、当日のお楽しみです。その年の子どもたちがいつもしている遊びを発展させ、家族で協力して取り組めるように保育者が考えます。まずは、家族みんなで１枚の板を持ち、板の上のものを落とさないように運びました。ゴールを目指してみんなで力を合わせます。

保護者の声

家族の結束力が強まりました

様々な競技をおこなう中で同じ目標に向かって家族で取り組む楽しさがわかりました。子どもたちから、どんどん作戦のアイデアが出てくることも成長を感じ、とてもうれしかったです。

こんなに重かった？！

竹の棒の真ん中に子どもがぶらさがり、それを家族が担ぎます。家族が子どもを運ぶミニゲームは、毎年必ず取り入れます。体で感じる重みが子どもの成長を教えてくれます。

午後

保護者つな引き・手作り楽器のコンサート・フィナーレ

最後まで力を合わせます！

午後は保護者の「チーム対抗つな引き」があります。保護者は真剣、子どもたちの応援にも力が入ります。保護者が本気でがんばる姿は、子どもたちの「自分もやってみたい！」という気持ちを育みます。最後の競技は「年長児全員リレー」。自分たちで走る順番を決めて全力で走ります。

競技終了後は、「こどものもりコンサート」。家族で作った楽器を演奏して盛りあがります。「フィナーレ」では花の種がついた風船を飛ばします。みんなでかたづけをして終了です。

保護者の真剣勝負は見応え十分

保護者によるつな引き。グループごとに分かれて対戦し、子どもたちはトラックの外で応援します。保護者の真剣勝負を見て、子どもたちも一生懸命がんばることの大切さを学びます。

お父さん
がんばれー！

年長児リレーで最高の盛りあがりに！

最後の競技は年長児全員リレーです。この日に向けて何度も練習を重ねました。どんな順番で走ったら勝てるか、話し合いながら考えたのも子どもたちです。

保護者の声

保育参加後には……

「ふれあいひろば」で保護者のつな引きを見たあと、その姿に憧れを抱いた子どもたちが、園でつな引きにチャレンジしたと聞きました。当日だけでなく、そのあとの子どもたちのやる気に結びついているようでうれしいです。

全員で合奏です

保育者の合図で、家族みんなで作ってきた楽器を持って集合し、「こどものもりコンサート」が始まります。お父さん・お母さんだけでなく、おじいちゃん・おばあちゃんも一緒です。みんなで心を一つにして演奏します。

楽器の作り方

ペットボトルや空き缶・空き箱などを使い、自由に絵や模様を描いたり、飾りをつけたりして、太鼓やマラカス、カスタネットなどを作ります。

例：太鼓

大きさ・形は自由
クッキー缶などにひもをつけ、
首からさげられるようにする。
缶に紙や布を貼ったり、
絵や模様を描いたりする。

どんな人に
届くかな……

青空に風船が舞いあがります

フィナーレでは、保育者から配られた風船に花の種が入った袋を結び、園長の合図で家族みんなが一斉に空に向かって風船を飛ばします。楽しかった「ふれあいひろば」もこれで終わりです。

かたづけが
終わったら終了です。
お疲れさまでした！

プロジェクト型の保育参加

子どもたちが一から内容を考える保育参加です。

この参加のねらい

子どもたちが「お父さんやお母さん、友達と一緒に楽しむために、何をしたいか」を考え、計画し、実行するのがプロジェクト型の保育参加です。

　自分たちが考えたものをみんなが楽しんでくれることは、子どもたちにとって大きな喜びと達成感につながります。「誰かのためを思って、何かを成し遂げること」を子どもたちに伝えることが一番のねらいです。

どんなことをしているの？

　3か月前から年長児が計画を開始。子どもたちが「どのような保育参加にしたいか」を考えるため、決まった内容はありませんが、ここでは「お店やさんごっこ」をしたときの保育参加の様子を紹介します。

　単にお店やさんごっこに参加してもらうだけでなく、子どもたちがどんな想いで計画したのか、どのような準備をしてきたのかなど、事前におたよりなどで保護者に伝えておくことがとても大切です。

　保護者は3日間のうちの1日に参加し、自分の子と一緒にお客さんとしてお店をまわります。また、保護者が参加していない年長児がお店やさんになります。

おすすめの時期

　園生活や一年の集大成となるので、卒園や進級前の時期がおすすめです。11月に子どもたちが計画を立て、準備を始め、2月上旬におこないます。

プロジェクト型保育参加の流れ

登園

登園

親子で一緒に登園します。子どもたちの当日を迎えるまでのできごとや、当日の流れがまとめられたプリントと、昼食をとるときに必要な大人用ランチ券が園より渡されます。

午前

ポシェットを製作

どんぐりやお買いもの券を入れるためのポシェットを作ります。子ども用は事前に園で作っているので、保護者用のポシェットに子どもと一緒に絵を描きます。

どんぐり集め

「マラソン５周」「１曲ダンス」など６種の外遊び、「絵を描く」「たこを作る」など４種の室内遊びをすることで、お店やさんごっこで使うお金代わりのどんぐりをもらえます。

「銀行」でどんぐりを「お買いもの券」に交換

園の事務所が銀行です。銀行員役の事務員さんにどんぐり５個をお買いもの券１枚と交換してもらいます。

お店やさんでお買いものタイム

親子でお買いもの券を使って、お店やさんでお買いものを楽しみます。

お昼

ランチタイム

ランチルームでお昼ごはんです。決められた時間内に好きなタイミングでごはんを食べます。

午後

帰りの会

最後に集まって、園長からの話を聞きます。年長児がどのような準備をしてきたかを話してくれます。

降園

降園

たくさん遊んで、みんな笑顔で降園です。

事前準備

プロジェクト活動

計画や準備もすべて子どもたちがおこないます。

2月の保育参加に向けて、3か月前の11月から準備が始まります。「卒園したあとでも、自分たちが作ったもので園の友達が遊べることをしたい」とお店やさんごっこをすることにしました。グループに分かれて本物のお店を見学し、商品を作ります。「何を作るか」「どう作るか」などを子どもたちが考え、グループで相談して準備を進めました。また、当日の遊び方やルールも年長児が考案。お金になるどんぐりを貯めるためのポシェットやお買いもの券も製作し、当日に備えます。

保育参加までの流れ

- 3か月前：お店やさんごっこをすること・お店の種類を決める
- ←
- 2か月前：お店に見学に行く・材料を買いに行く
- ←
- 1か月前：必要なものを作り、準備を進める
- ←
- 保育参加当日

実際のお店を見に行こう！

園の近くのお店やさんへ見学に。メニューをもらい、参考にするための写真を子どもたちが撮りました。お店の人に話を聞いて、作るメニューを決めます。

こうやって作るんだね

いつも食べているパンの作り方を見せてもらいました。味見をしたり、ラッピングの仕方を見せてもらったり、初めてのことに興味津々です。

みんなに報告です！

お店で見てきたことは、みんなに報告します。自分が見てきたことを伝えることも学びます。

材料選びも自分たちで

何を作るか、どのように作るかを子どもたちが話し合い、材料も子どもたちが選んで購入しました。子どもたちが考えて買った材料には、「なるほど！　それを使うんだ」と保育者が感心することも。この成果を保護者に見てもらうのが楽しみです。

準備は万端です！

紙芝居やさんは練習も大切。それぞれのお店の看板もできてきました。当日が楽しみですね！

午前

どんぐり集め・お買いもの券と交換

まずはお買いものをするための
準備活動です。

登園したらまず、親子一緒に保護者のどんぐりを入れるためのポシェットを作成します。そのあと、決められた10種の活動を親子一緒におこない、どんぐりを集めます。「マラソン5周」「たこを親子で作る」などの活動をすることで、お金となるどんぐりを手に入れることができます。このしくみを考えたのも子どもたちです。

　どんぐりを集めたら、「銀行」（事務室）で「お買いもの券」に引き換えます。保護者が参加していない年長児は、お店やさんの開店準備をします。

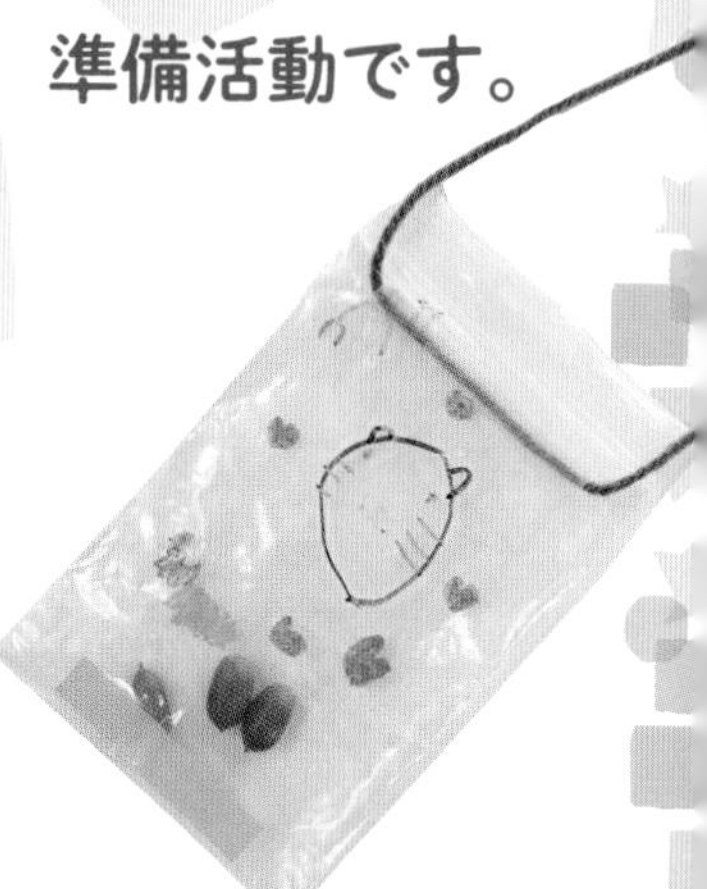

どんぐりを入れるポシェット作りから

親子一緒に保護者のポシェットを作ります。これから始まる楽しい一日への期待がふくらみます。

おいしく
焼けるかなー♪

まらそん
5しゅう
1どんぐり

どんぐりたくさん貯めようね！

どんぐりを手に入れるためには、決められた活動をしなければなりません。園庭では、マラソン、ホットケーキを焼くなど6種の活動がおこなわれています。子どもたちは元気いっぱい。保護者も一生懸命です。

室内でも
どんぐりを集めます

親子がそれぞれお絵描きをしたら、どんぐり1個！　子どもの身長までブロックを積みあげたら、どんぐり1個！　親子で遊びに熱中する姿がいたるところで見られます。

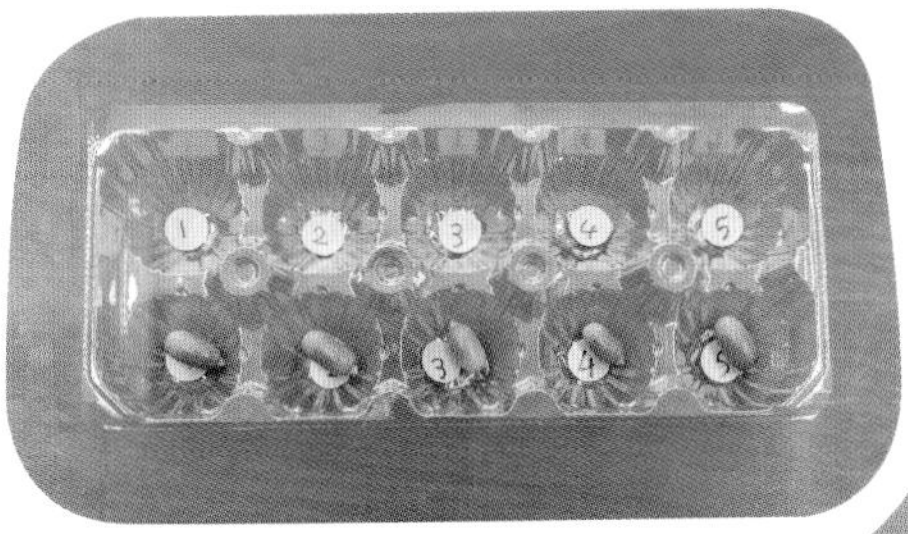

い〜ち、に〜、さ〜ん……

どんぐりが貯まったら、「銀行」で「お買いもの券」に引き換えます。たまごパックを利用してどんぐりを数えます。どんぐり5個でお買いもの券1枚。こうしたプロセスの中で、お金を手に入れるために仕事をすることも学びます。

お買いもののしくみも考えました

どんぐりをお買いもの券に替えるシステムも、お買いもの券も、子どもたちが考えてつくりました。

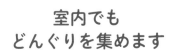

午前

お買いものタイム

これまでの取り組みを一緒に楽しみながら伝えます。

紙芝居やさん・さかな釣りやさん・ケーキやさん・パンやさん・アイスクリームやさん・お花やさん、それぞれのグループが準備をしてお客さんを迎えます。

　商品はもちろん、ラッピングや小道具なども、お店を観察して子どもたちが準備しました。紙芝居やさんでは、上演時間以外は子どもたちが作成した絵本を読むこともできます。さかな釣りやさんでは1分半の間釣り放題です。子どもたちが取り組んだことすべてを保護者に伝え、楽しんでもらいます。

ひ〜んやり美味しそう

アイスクリームやさんでは、お店を見学に行ったときにもらったパンフレットを見ながら、12種類のアイスクリームを準備しました。

紙芝居のはじまり、はじまり〜

練習の成果をしっかり出せたようです。子どもたちが描いた絵本のクオリティの高さに驚いて、「持ち帰りたい！」という保護者も。

お花はいかがですか？

お花の並べ方にもこだわりました。買ったお花はランチルームに飾ってもらいます。

パンやさんの紙袋まで！

パンやさんには、お店を見学して考えた9種類のパンが並びます。パンを入れる紙袋も子どもたちが作りました。

保護者の声

安心して小学校に行けます

こんなことができるようになったんだと、びっくり。こんなに質の高いものを子どもたちだけで考え、作ったとわかり、とてもうれしい気持ちになりました。

遊び方も自分たちで

熱帯魚やさんに見学に行って、こまかいところまでよく観察して作りました。制限時間1分半でおさかな釣り放題。もちろん遊び方も自分たちで考えました。

帰りの会をして、降園です。
お疲れさまでした。

お誕生日の保育参加

園と親子で誕生日をお祝いし、成長を喜び合う保育参加です。

この参加のねらい

誕生日という特別な日に、保護者に子どもへの愛情や子どもの成長を改めて感じてもらうことがねらいです。クラスのみんなや保育者と一緒に、家族から「おめでとう」と祝ってもらうことで、子どもがみんなに愛されていることをしっかりと感じることができます。

どんなことをしているの？

子どもの誕生日前後に保護者が園に来て、親子一緒にクラスのみんなにお祝いしてもらいます。

保護者には、生まれたときから今までの子どもの写真を持ってきてもらいます。子どもとの思い出や成長の様子をクラスみんなの前で話し、みんなで誕生日の子の成長を振り返ります。

また、ランチルームには誕生日専用の席をつくり、そこで保護者と食事をすることで、特別な一日を演出しています。

おすすめの時期

「一人ひとりのためのお誕生会」という考えから、月ごとに一斉ではなく、誕生日前後に1～2人など少人数ずつおこなっています。

お誕生日の保育参加の流れ

登園〜午前

登園

親子で一緒に登園します。

通常の活動・準備

お誕生会までは親子で絵を描くなどして過ごします。また、30分ほど前には親子で準備に入ってもらいます。

午前

クラスで集合し、お誕生会スタート

クラスのみんなの前でお祝いをしてもらいます。誕生日が重なったら、数人一緒にお祝いします。

歌とプレゼントでお祝い

クラスのみんなから『ハッピーバースデートゥーユー』の歌とみんなで作ったネックレスのプレゼントをもらいます。

写真を見ながら子どもの思い出話

保護者は写真を見ながら1年ごとの思い出を話し、子どもは年齢の数のロウソクの火を吹き消します。

園からのプレゼント

親子は、園から子どもの写真や手形や園庭の花を押し花絵にして入れたフォトフレームをもらいます。

愛情と感謝を伝え合う

保護者からは「大好きだよ」のハグ、子どもからは「ありがとう」と感謝を伝えて両手をつなぎます。

クラスのみんなにお礼・ダンス

お祝いをしてくれたお礼に、親子からクラスの子にお菓子を配ります。みんなで一緒に食べたあと、誕生日の子どもが選んだ曲で、みんなでダンスをしてお誕生会は終了です。

お昼

ランチタイム

写真やお花が飾られたテーブルで、親子一緒にごはんを食べます。

降園

降園

ランチタイムが終わったら、親子で降園します。

お誕生会

クラスのみんなでお祝いします。

誕生日は子どもにとって特別な日。お誕生会では、クラスのみんなからは『ハッピーバースデートゥーユー』の歌とプレゼントを、園からは写真と手形と園庭の花の押し花絵のカードの入ったフォトフレーム、保護者からはたくさんの愛情をもらいます。保護者も子どもも、一緒に成長してきたことや、たくさんの友達に愛されていることを実感できる一日になります。

事前の準備も大切な時間

子どもの写真・机に飾るお花・お礼のお菓子は、お誕生会で祝う子の家庭で準備をしてもらいます。それも大切な親子の時間です。

みんなから祝福されることで愛情を感じます

クラスのみんなが集まりました！　飾りつけられたランチルームで、友達に囲まれてお祝いされることで、子どもはみんなに愛されていることを実感できます。

保護者が思い出を話します

保護者には最初に名前の由来を話してもらいます。それから、用意した子どもの成長がわかる写真を貼った手作りボードや写真たてを、クラスのみんなに見せながら、0歳から1年ごとの思い出を話します。声に出すことで、子どもの成長はもちろん、保護者としても一緒に成長してきたことを実感できます。子どもは年齢の数のロウソクの火を吹き消します。

保護者の声

子どもの成長を改めて感じます

生まれてから今日までを1年ごとに振り返ることで、子どもの成長を改めて感じます。また、自分も親として一緒に成長してきたな、と昔を思い出してなつかしくなりました。

ハグをして愛情を伝えます

保護者が「生まれてきてくれてありがとう」「大好きだよ」と子どもをギュッと抱きしめます。その後、子どもたちが保護者に「産んでくれてありがとう」「育ててくれてありがとう」とお礼を言います。お互いに、愛情と感謝の気持ちを再確認します。

友達にありがとうのプレゼント

会の終わりに、親子が用意してきたお礼のお菓子をクラスのみんなに配り、一緒に食べます。手作りのお菓子を持ってくる親子もいるそうです。お菓子を渡したときに、クラスのみんなが喜ぶ姿を見ることで、感謝の気持ちを伝えることの大切さを学びます。

親子で一緒に特別席で食事

クラスでのお誕生会のあと、親子で一緒にランチタイム。お誕生会の主役だけが座れる、特別に飾られたテーブルが用意されており、そこで食事をとります。特別な日に親子で同じ時間を共有することが大切です。

お誕生日おめでとう！

COLUMN

こんなときどうする？

保育参加中に気になることがあったとき、
どのように対応したらよいでしょうか。

感情的に子どもを叱る保護者には？

　あまりにも声が大きくなる場合は、近くでそっと、「もう少し小さな声でも、子どもにちゃんと聞こえますよ」と伝えてみましょう。その上で、保育者が子どもに対して、気持ちに共感し、行動を促す言葉をかける様子を見てもらいます。すると、保護者も少し冷静になり、どのように伝えればよいのか気づくこともあります。

自分の子とまわりの子を比べてしまう保護者には？

　子どもの発達段階はそれぞれであることを伝えましょう。また、その保護者の子どものよいところを伝え、みんなそれぞれ異なる個性をもっていることを伝えます。保育参加では、自分の子のよいところをたくさん見つけてもらえるように支援しましょう。

先回りして何でもやってしまう保護者には？

　事前におたよりなどで、「子どもたちがどのように行動するのかを見守ってください」と伝えておくことが大切です。その上で、保育者が子どもの行動を見守る姿勢を見せましょう。それでも保護者が手を出してしまう場合は、見守ってほしいことをやんわり伝え、そばで一緒に見守るようにしましょう。

子どもが保護者に甘えてしまって、「ふだんの姿」が見せられないときには？

　保護者に甘えてしまうのは、子どもにとって仕方のないことです。面談のときに、ふだんの園での姿について伝えましょう。年齢があがるにつれて、「ふだんの姿」を見てもらえるようになることが多いです。その時期の子どもの様子を受け止めてもらうようにしましょう。

保護者が自分の子どもしか見ていないと感じたときには？

　さりげなく保護者を子どもたちの輪に入れるようにすると、子どものほうから積極的に関わってくれることがあります。子どもの寝かしつけを手伝ってもらったりするなど、ほかの子ともふれあう機会をつくってもいいでしょう。また、子どもの年齢が低いときは、子どもが保護者から離れられないことも多いかもしれません。しかし、無理に引き離す必要はありません。親子の関係を見守りましょう。

3章

保育参加を家庭支援につなげるために

保育参加を、どのように保護者との関係づくりや家庭支援に生かしていくのかを紹介します。

保育参加を120%生かすための流れ

保育参加を家庭支援に生かすためにどのような点に気をつければいいのか、
実施中から終了後までの流れを紹介します。

一日保育者体験の場合

保護者が気づきをたくさん見つけられるように
サポートしましょう。

体験当日

保育に入る前に

▼考え方を理解してもらう

保育者という立場で子どもに関わってもらうため、園の方針や保育の考え方などを伝えます。

体験中

▼気づいてもらう

保護者に、園と家庭での子どもの姿の違いなどに、自ら気づいてもらうことが大切です。保育者が子どもの話を聞いたり、言葉かけをしたりする様子を保護者に見てもらえるように意識します。

▼さりげなく声をかける

自分から動くことができずに困っている保護者がいたら、さりげなく声をかけ、アドバイスをします。

振り返り

アンケートの記入や面談をおこないます。今日の体験を自分の言葉で話してもらい、気づきを共有します。

終了後

スタッフミーティングで共有する

体験中の保護者はどのような様子だったか、どのような気づきや悩みがあったのかなどを園全体で共有します。アンケートはファイリングをして全スタッフが閲覧できるようにし、その後の支援に役立てます。

後日

日々の支援をおこなう

アンケートや面談を生かして、保護者の心配事や悩みに寄り添うような言葉かけを、日々の送り迎えのときなどでおこないましょう。長期でフォローが必要な場合には園内で支援体制をつくり、別途面談を設定しましょう。

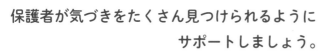

大人数でおこなう保育参加の場合

運動や製作などの大人数でおこなう保育参加は、保育者が保護者の様子や親子の関わりを知り、今後の保育や家庭支援に役立てるためのよい機会になります。

参加前

家庭でしぜんと話が出るように

早めに子どもたちに保育参加があることを伝え、家庭でしぜんに保育参加の話題が出るようにしましょう。子どもが楽しみにしていることが伝わると、保護者も楽しみになります。保育参加のために親子で取り組んでもらう準備をお願いするのもいいでしょう。

実施中

様々な子との関わり方を見る

保護者が一人で夢中になってしまっていないか、自分の子だけでなく、数人の子を巻き込んで楽しめているかなど、保護者の様子をよく見ましょう。家庭や地域で子どもとどう関わっているか知ることができます。

親子関係を見る

保護者が、子どもにどのように接しているのかを見るようにします。急がせたり、強い口調で指示したりしていないか、子どもがどのように反応しているかに気をつけるようにします。

最低限の言葉かけを

子どもを大声で叱っているなど、気になることがあるときには、さりげなく言葉をかけつつ、親子が一緒に楽しく活動ができるようにフォローすることを意識します。

終了後

帰りの会をおこなう

大人数でおこなう保育参加の場合は、保護者を集め、帰りの会をおこないます。子どもとの関わり方のヒントとなるような話をするほか、子どもたちの日々の様子なども伝えましょう。

後日

アンケートを書いてもらう

保護者からのアンケートは全スタッフで共有します。保護者がどのような気づきをもったのかを確認し、次回の保育参加をよりよいものにするために役立てていきます。

アンケート作成のポイント

面談で話しやすくするために、事前にアンケートに記入してもらいましょう。
アンケート作成のポイントをおさえていきます。

一日保育者体験のアンケート例

※こどものもりで配布しているものをもとに改変

一日保育者体験をしてみた感想について、当てはまるところにチェックを入れてもらいます。来年の参加につなげるようにフォローしましょう。

一日保育者体験お疲れさまでした。
感想をお聞かせください。

年　　月　　日（　）

組　園児名

参加者名

1. 一日保育者体験はいかがでしたか？
当てはまるものにチェックをしてください。（複数回答可）

- □大変だった
- □つらかった

- □思ったより大変だった

- □有意義だった
- □楽しかった

- □来年もやってみたい
- □その他（　　　　）

2. やってみてよかったと思われることはありましたか？

3. 保育者や子どもと過ごして新たに気づいたこと、感じたことはありましたか？

4. 全体の感想をお書きください。

ありがとうございました。これからの参考にさせていただきます。

楽しかったこと、うれしかったこと、保護者自身にプラスの体験となったことを記入してもらいます。

保育参加への感想、気になったこと、今後改善してほしいと思っていることなどを自由に書いてもらいます。

保育者や子どもについて、気づいたこと、印象に残ったことなどを記入してもらいます。どのような気づきがあったのかを確認しましょう。

POINT

「楽しかった」「大変だった」だけで終わらないように、記憶が新しいうちに振り返ってもらうことが大切です。

保育参加のあいさつのポイント

保育参加は、園の考えを伝えるよい機会でもあります。
ふだんはゆっくり話せない子育てのヒントや保育観などを伝えていきましょう。

園の方針や考え方を伝える

保護者に園やクラスの方針を伝えるよい機会です。園の様子を見てもらったあとだからこそ、理解を深めてもらいやすくなります。

例

「スタッフ全員で
保育することを心がけています
子どもにもていねいな
言葉づかいをしています」

子育てのヒントを伝える

体験したことや保育者の対応から学んだことを子育てに生かしてもらえるよう、子育てのヒントとなるようなことを伝えます。

例

「つい子どもたちに、
早く早くと言っていませんか。
せかさなくていい工夫を
考えてみましょう」

「子どもを否定せずに伝える方法を
考えてみましょう」

子どもたちが取り組んでいることを伝える

子どもたちが今、がんばっていることを話し、子どもたちの成長に関心をもってもらえるようにします。

例

「運動会に向けて
毎日自ら園庭を5周走っています」

「次の行事で保護者の方に渡せるように
プレゼント作りをしています」

子育ての中心は保護者であることを伝える

子育ての中心は保護者であることや、家族が協力して子育てをすることの大切さを伝えます。

例

「私たち保育者がどんなにがんばっても
保護者のみなさまにはかないません」

「ご家族が支え合いながら
子育てをすることが大切です」

保育参加後の面談のポイント

保育参加後だからこそ、より踏みこんだ話ができます。
後日おこなう場合も、アンケートを読んで当日を振り返りましょう。

話しやすい雰囲気をつくる

保護者が話しやすくなるようリラックスしてもらうことが大切です。面談をおこなう場所も、リラックスできるような空間づくりを心がけましょう。保護者が緊張して固い表情をしていると、保護者はもっと緊張してしまいます。話しやすい環境や雰囲気をつくっていきましょう。

保護者の気づきをまず話してもらう

保護者に子どもの成長や保育者の対応について、どのような気づきがあったかを話してもらいましょう。保護者が自分の言葉で話すことで、保護者自身が気づきを再確認することができます。さりげない会話の中で、保護者の気づきを話してもらうようにしましょう。

保護者の考えを否定しない

保護者の話したことはすべて〝受け入れる〟ように心がけましょう。保護者の考えや言葉を否定してしまうと、保護者は話しにくくなってしまいます。指導したり、アドバイスをしたりするよりも、まずはじっくり話を聞くことが大切です。

気づきから悩みを見つける

保護者の気づきから家庭での悩みがわかることもあります。例えば、ケンカをしている子たちへの保育者の対応を見て、「それぞれの理由を聞けば、子どもたちも落ち着くと感じた」という気づきがあれば、家庭でも子どものケンカに悩んでいるのかもしれません。気づきをきっかけに、日頃の悩みなどを話してもらいましょう。

信頼関係をつくることを目標に

保育参加後の面談で、すべての問題が解決できるわけではありません。面談では、今後の家庭支援のために信頼関係をつくることが大切です。保護者と保育者は、子どもを育てる仲間であることを感じられるようにしましょう。いつでも相談してほしいということを伝え、ケースによっては長期的にフォローする体制をつくります。

こんな保護者にはどう対応する？

保育参加後の面談は、保護者に保育の様子を見てもらった上で話せるよい機会です。お互いの理解を深めていきましょう。

発達が気になる子の保護者には

保育参加を通して、保護者が子どもの発達がまわりの子よりもゆっくりな可能性に気づいた場合は、まずはしっかり時間をとって話を聞きましょう。その上で、必要に応じて専門機関へとつなげるようにします。また、園として発達の気になる子がいる場合には、家庭で困っていることがないかを聞いてみましょう。保護者は受け入れることがむずかしい問題ですが、保護者が中心になって動くことが必要です。専門機関に相談したほうが、よいのかもしれないと思ってもらうことがポイントです。

虐待の疑いのある保護者には

虐待の可能性を感じる家庭の場合は、保育参加のときだけでなく、日頃から親子の様子に注意しなければなりません。

中には、子どものためによかれと思っておこなっている場合もあります。保育参加で保育者の対応を見てもらい、「静かに伝えてみてください」とさりげなくアドバイスするなど、根気よく働きかけましょう。保育参加後も担任だけでなく、園として自治体や専門機関と連携して対応していきます。

問題がある子がいたなど、保護者から指摘されたら

「うちの子が○○くんにいじわるをされていた」などの指摘があった場合、まずは受け入れ、園で起きたことは園の責任であるため、園でしっかり対応することを伝えます。その上で、直接相手の保護者に連絡を取らないようにお願いしましょう。また、子どもの心を傷つけることがないように気を配ります。

園にすべてお任せの保護者には

子育ての中心は保護者であることを話し、園ではどうしているのか子育てのヒントを具体的に伝えましょう。子育ては大変なこともありますが、子どもにとって保護者はかけがえのない存在であることや、じっくりと子どもと関われるすてきな時期を大切にしてほしいことを伝えるのもいいでしょう。

毎年参加する必要がないという保護者には

子どもの家庭と園での様子は異なるため、園での様子を毎年見てもらうことに意味があります。日々のお迎えのときなどに、子どもができるようになったことなど成長の様子を伝えて、関心をもてるように促しましょう。

保育者の対応に疑問があると言われたら

まずは、保護者からの指摘を受け止めることが大切です。その上で、保育者に対することなど園に対する意見には、保育者個人ではなく主任や園長が対応します。保育者の対応に問題がある場合は、日頃の様子から保育者同士で気になることがあるはずなので、事前にしっかりと指導をしておくことが肝心です。

保育参加のあとこんなよい変化が！

保育参加を経験したことでどのような変化があったのかをご紹介します。

保育者

保護者の意外な一面を知ったり、
親子関係を見たりすることができ、
担任にとって保育の参考になります。
親子のことを知る、
よいきっかけになりました。

ゆっくり話す時間がとれない
保護者とコミュニケーションを
とりやすくなりました。園での様子を伝えたり、
家での様子を聞いたりすることで、
連携がとれるようになっています。

注意ができない、言葉かけの
タイミングがわからないお母さんが多い中、
保育者の関わりがヒントになった
みたいです。学ぶことが
できたとの声をいただけてうれしかったです。

保育者が**何を大切にして**
保育をしているかを
見ていただけたと思います。
子どもに干渉しすぎず、
見守ることも大切だという
気づきをもっていただけました。

発達が気になる子の**保護者と**
共通認識をもちやすくなりました。
ほかの子の様子を見て、
保護者が発達の遅れを感じてくれたことで、
連携がスムースにとれました。

保護者

先生方と話す機会が増え、
距離が近くなったと感じます。
子どもたちの園での様子も
たくさん聞くことができました。

先回りして親が
何でもやってしまうのではなく、
自分でできるように待つこと、
見守ることが大事なんだと気づきました。
先生方のように、子どもができることを
伸ばせるようにしていきたいです。

園での生活を知ることで、
安心して預けられるようになりました。
先生方が一人ひとりを
しっかりと見守ってくれている様子を
自分の目で見ることが
できました。

家にいるときと比べて、
園ではいろんなことが
しっかりできていると感じました。
家でのわがままなどは
少し許してあげてもいいかな、
と思っています。

自分の子ばかり見ていては、
よい子育てはできないと思いました。
うちの子と親しくしてくれている子たちの
様子を見ることで、気づくこともありました。

子ども

お父さん・お母さんって
やっぱりすごいな。お父さんや
お母さんみたいにいろいろなことが
できるようになりたい！

園で一緒に遊んでから、
おうちでも遊んでくれることが
多くなった！

あとがき

私が副園長を務める認定こども園こどものもりでは、ご両親のどちらかに必ず年1回の一日保育者体験の参加をお願いしています。しかし、保護者から「時間がとれないので、参加できません」「去年参加したから、今年はやらなくても……」という意見が出てくることが、やはりあります。以前、このような意見をくださったお母さんは、一生懸命お仕事をされている方でした。担当保育者に確認したところ、送り迎えのときも急いで出て行かれるため、コミュニケーションがほとんどとれていないようでした。

このようなお母さんには、粘り強く一日保育者体験の意義を伝えるようにしています。お子さんからの「お母さん、来てね」「楽しいよ」というあと押しもあったようで、仕事の都合をつけて参加してくださいました。これが結果的に大成功。お母さんも、子どもたちと一緒に楽しく過ごせたようです。最後には「先生たちが、子どものことを一生懸命考え、保育してくださっていることがわかりました」と言ってくださり、とてもうれしかったのを覚えています。お母さんと保育者が子どもを一緒に育てる仲間になれた瞬間でした。

一日保育者体験後、そのお母さんは、子育ての悩みを保育者にたくさん話してくださるようになり、ほかの行事にも積極的に参加し、最終的には保護者会の役員まで務めてくださいました。保護者との仲間意識が芽生え、園での子どもの過ごし方を想像しやすくなったことで、子育てにも気持ちの余裕ができたのかもしれません。

この本では私たちの園でおこなっている様々な種類の保育参加の実施例を紹介してきましたが、保育参加は「この遊びをすれば大丈夫」「この歌をみんなでうたえばいい」というものではないと考えています。

しかし、「何をしよう?」と考えたときに、軸になる部分は一緒です。子どもたちのどの部分の成長を実感してほしいか、家庭では見えない園での子どもの姿は何か、保護者にどのようなことを伝えたいか――。それらを考えてみたら、どのような保育参加をつくればいいのか、しぜんと見えてくるはずです。

この本をヒントにして、あなたの園の保育理念にあった保育参加をつくってみてください。そして、それが一人でも多くの保育者・保護者・子どもたちのためになれば、と願っています。

幼保連携型認定こども園こどものもり
副園長　若盛清美

著者紹介

若盛清美（わかもり・きよみ）

社会福祉法人桜福祉会　幼保連携型認定こども園
こどものもり副園長
埼玉県保育士会会長

40年以上にわたり、こどものもり園長である夫とともに保育に携わる。地域の子どもたちと向き合い、子どもたちの育ちを見守り、それぞれの家庭支援にも力をいれている。NHK Eテレ「すくすく子育て」への出演や大学非常勤講師を勤め、現在は埼玉県キャリアアップ研修「乳児保育」を担当するなど、多方面で活躍。

園と保護者がつながり
子どももハッピーに！

保育参加のススメ

2020年8月1日　初版発行©

著者　若盛清美
発行人　竹井亮
発行・発売　株式会社メイト
〒114-0023
東京都北区滝野川7-46-1
明治滝野川ビル7F・8F
電話　03-5974-1700（代）
製版・印刷　光栄印刷株式会社

STAFF

取材・写真協力　認定こども園こどものもり
撮影　渡辺有美
イラスト　Meriko
装丁・本文デザイン　mogmog Inc.
編集協力　株式会社エディポック
編集　香山倫子